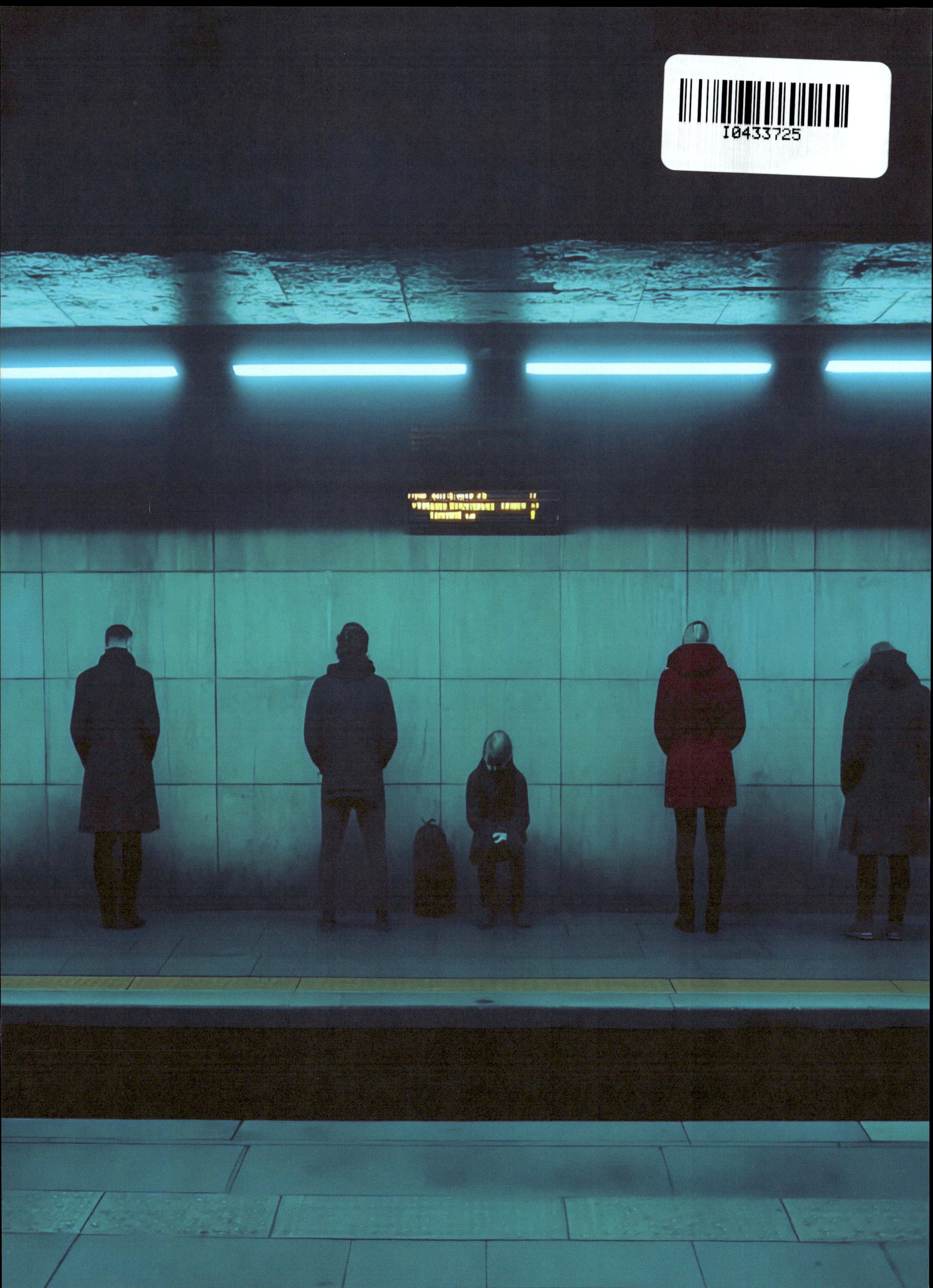

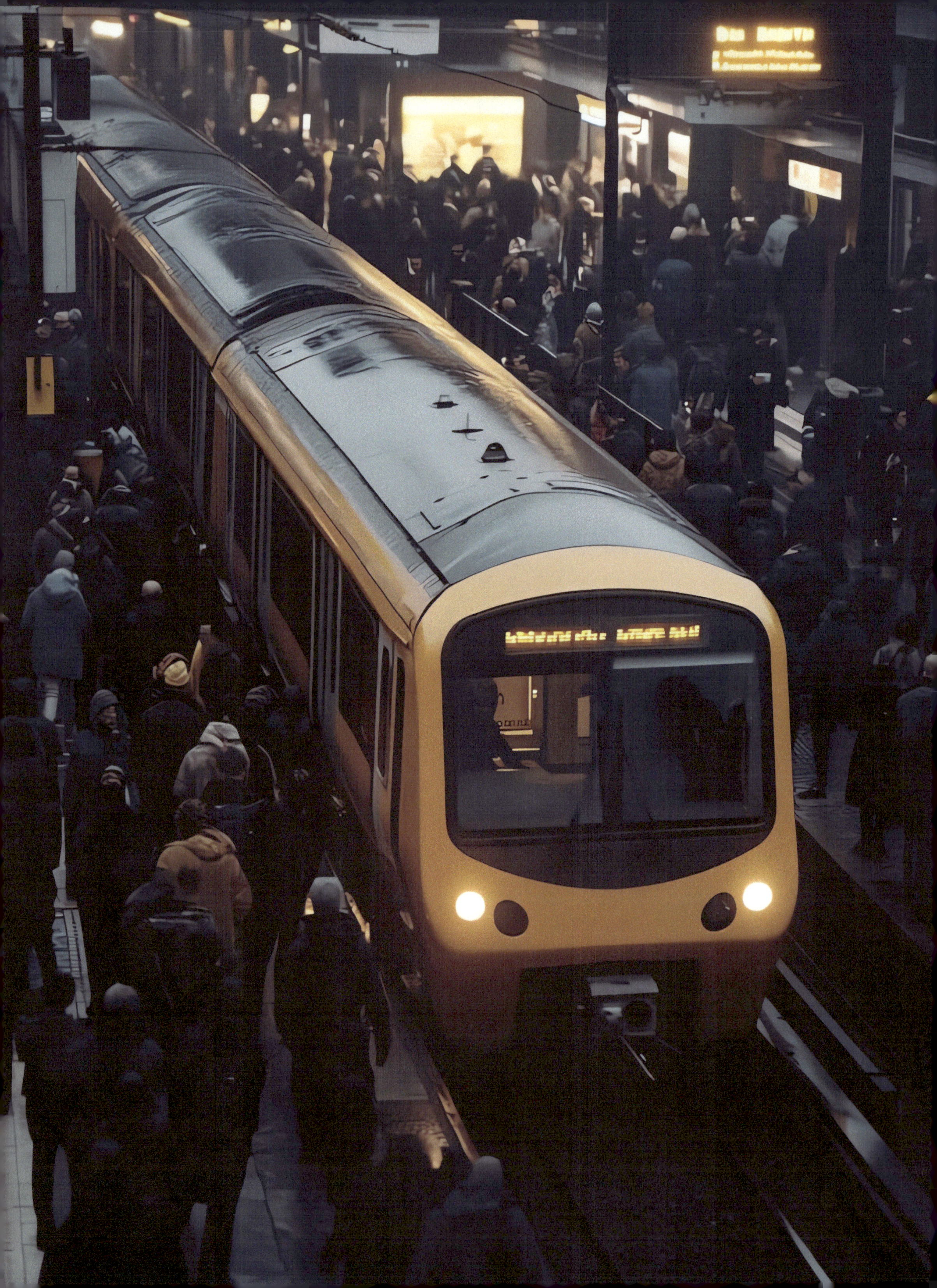

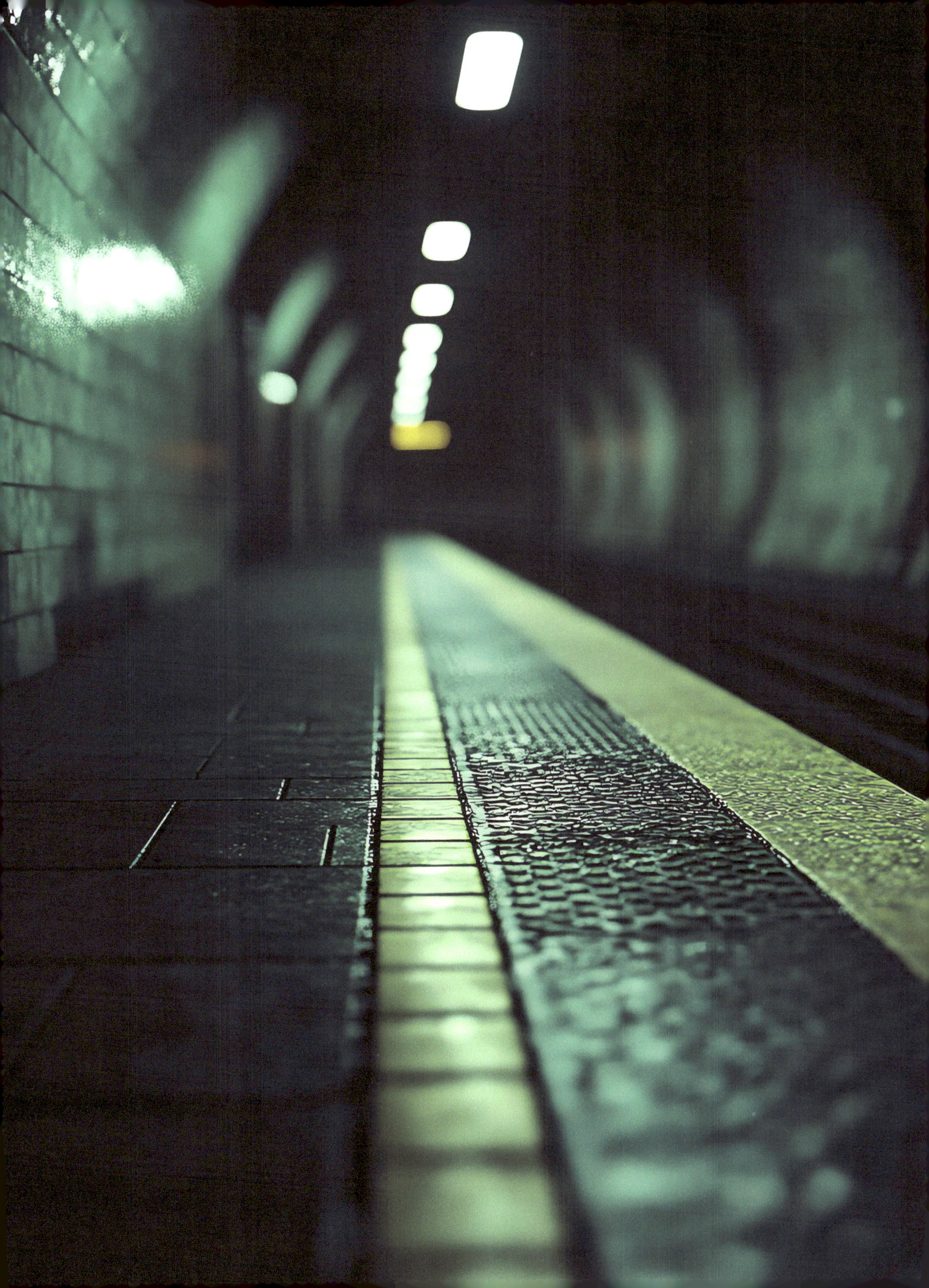

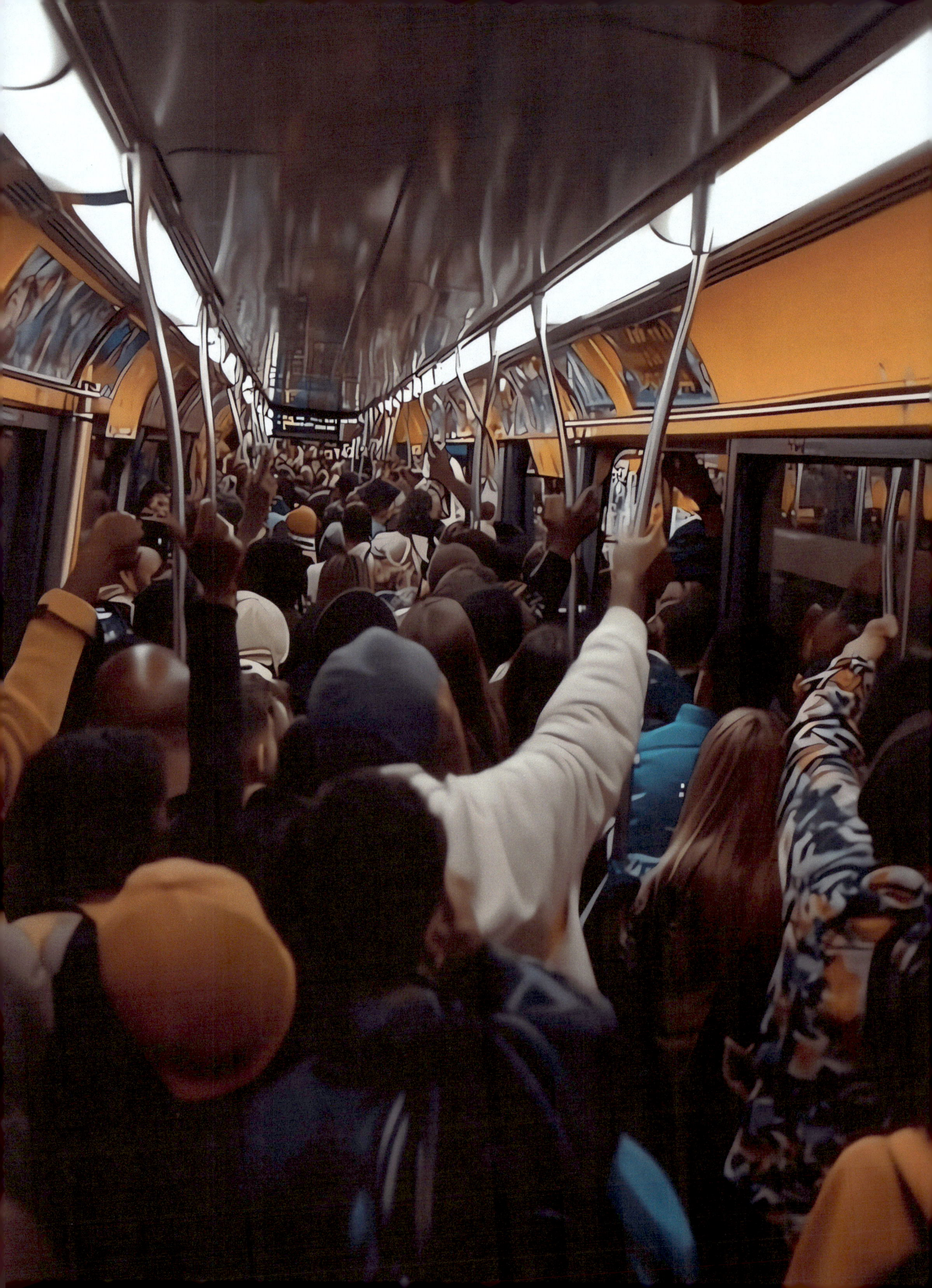

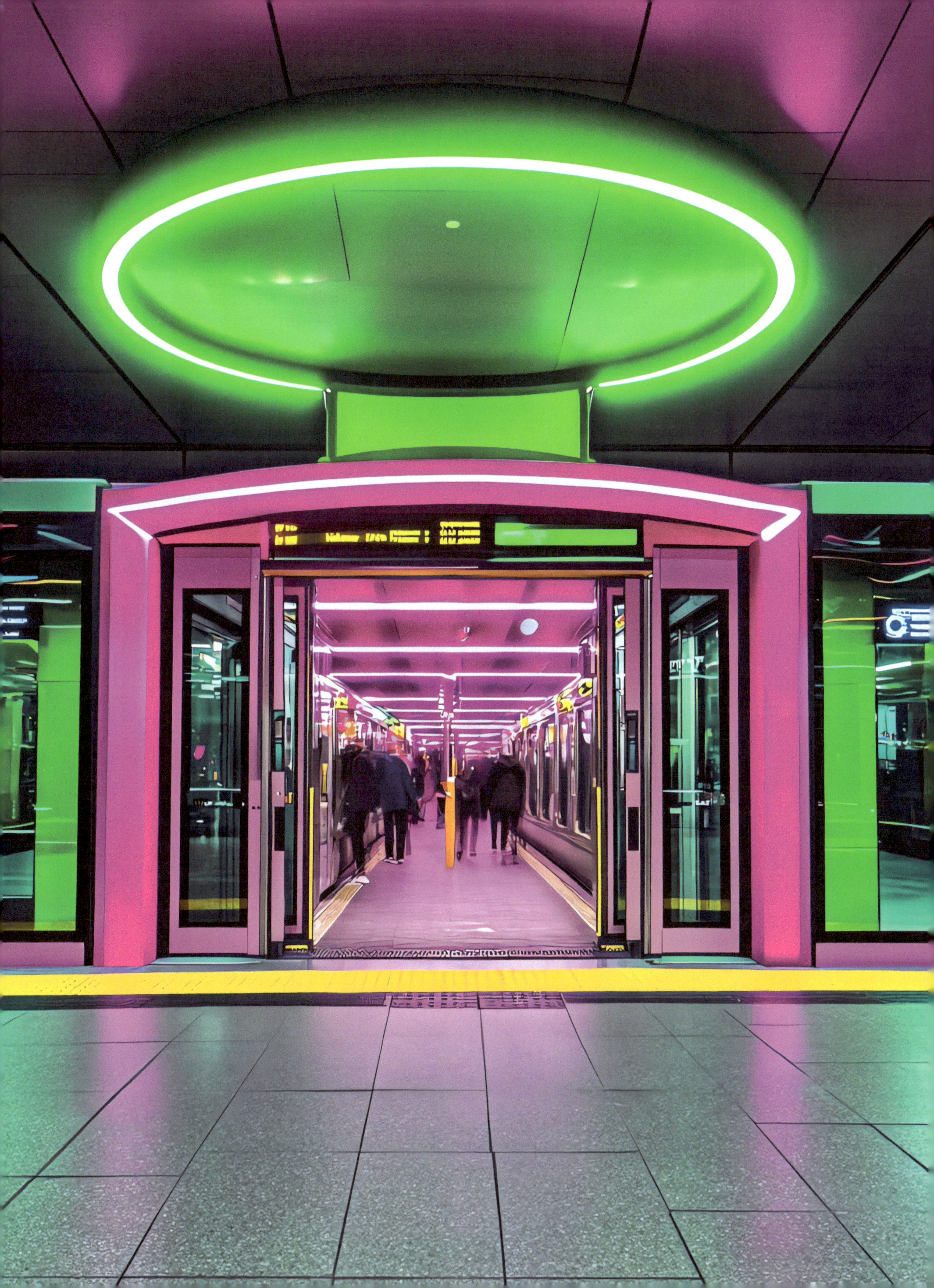

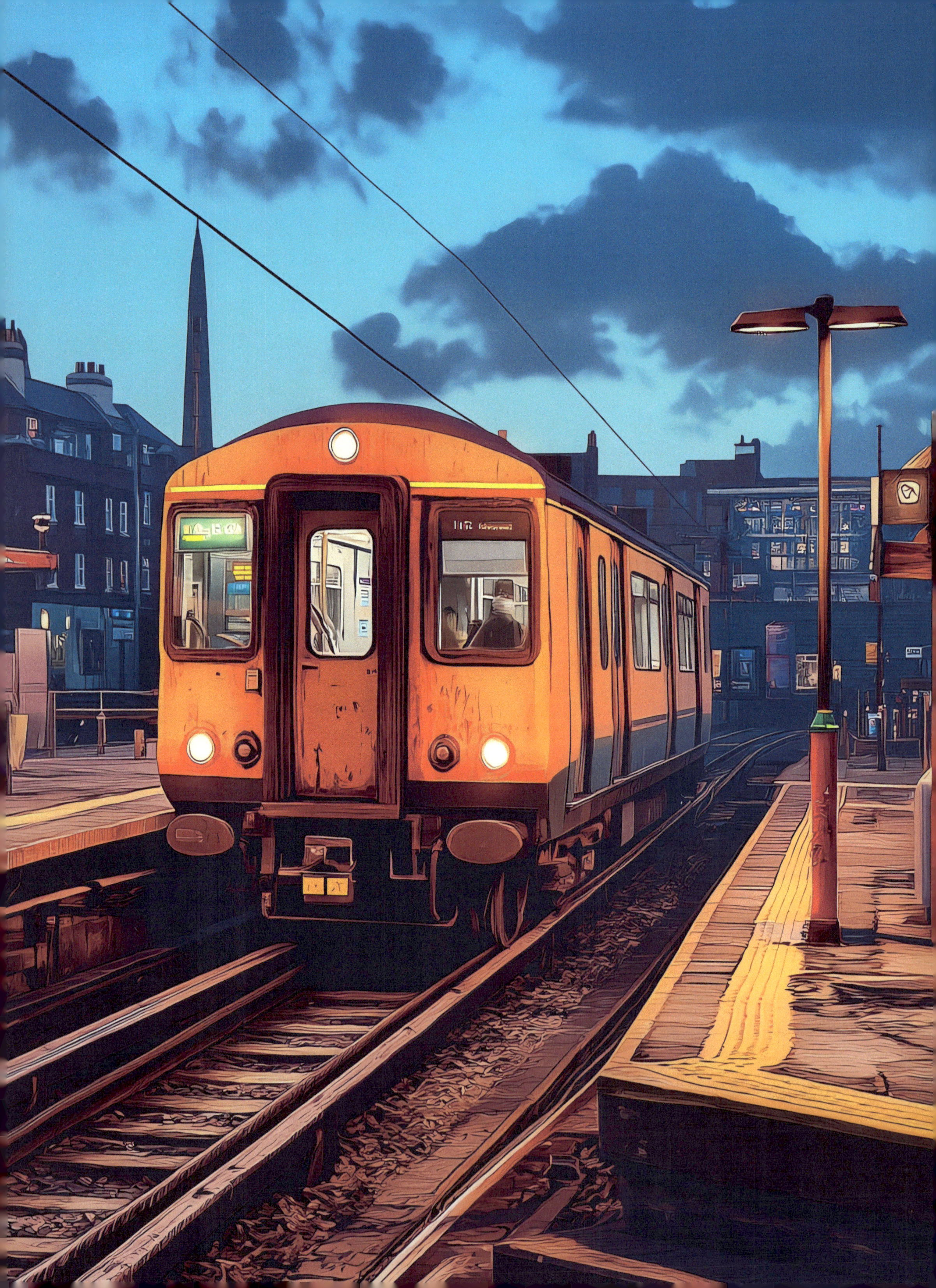

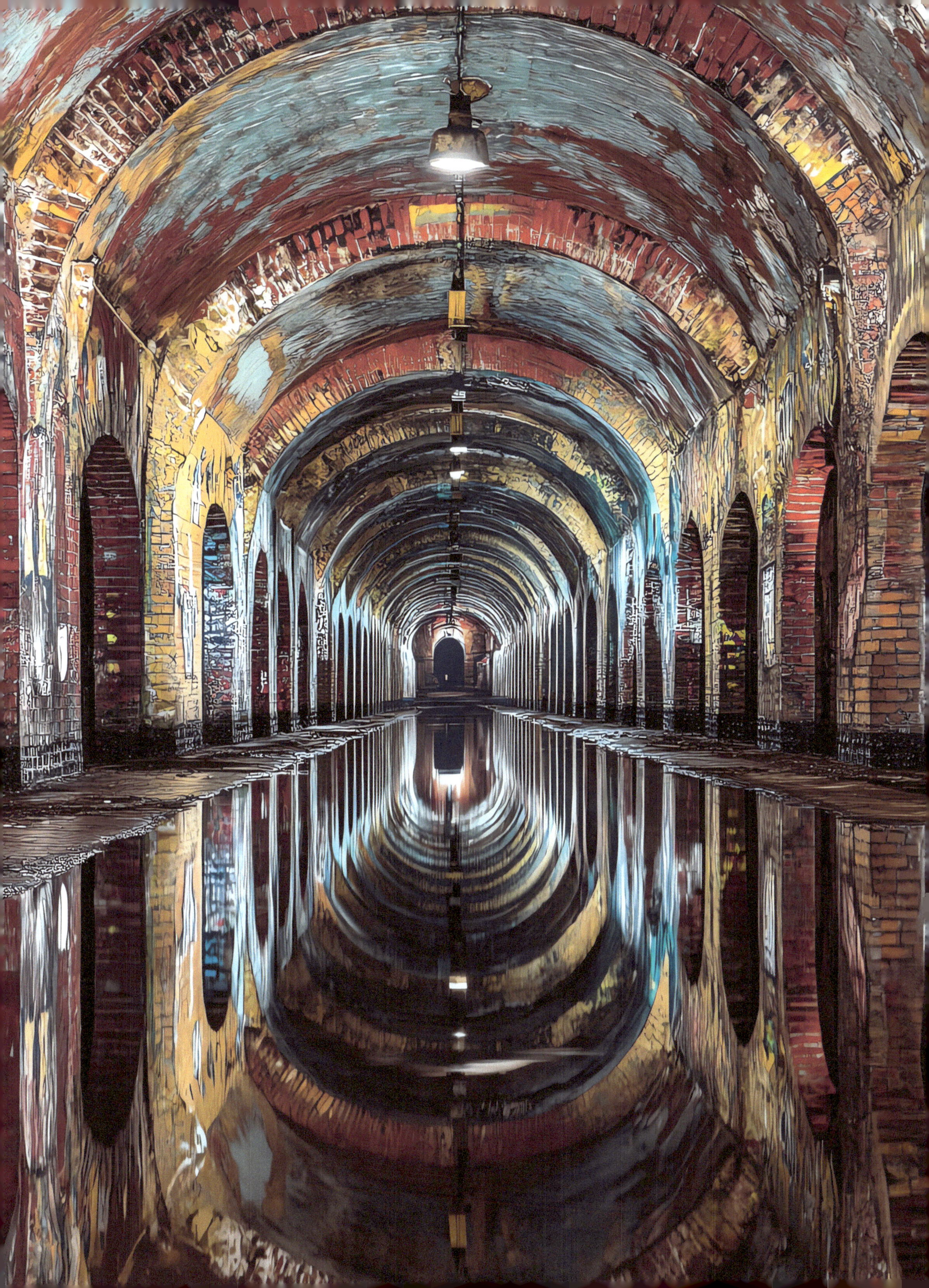

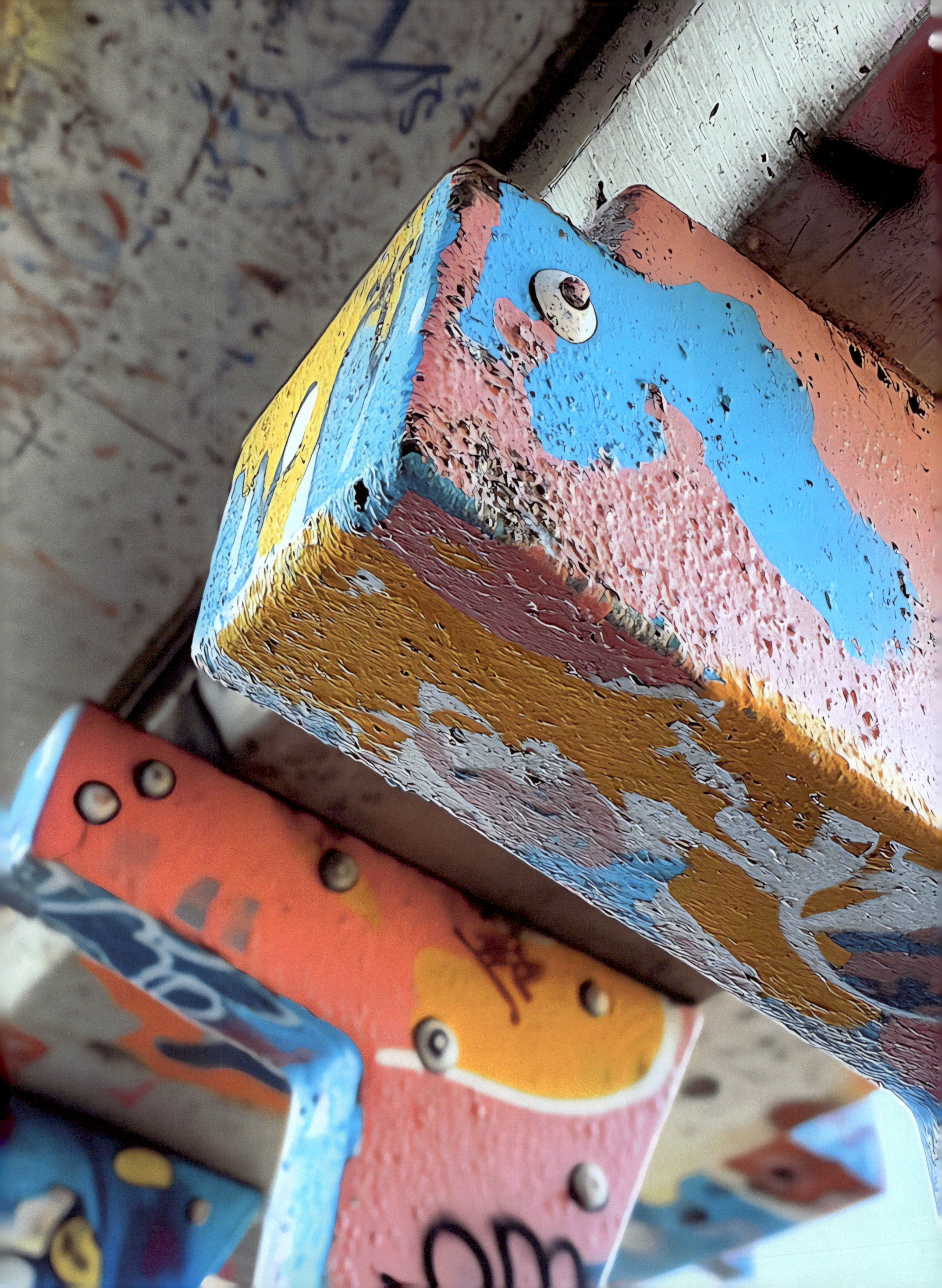

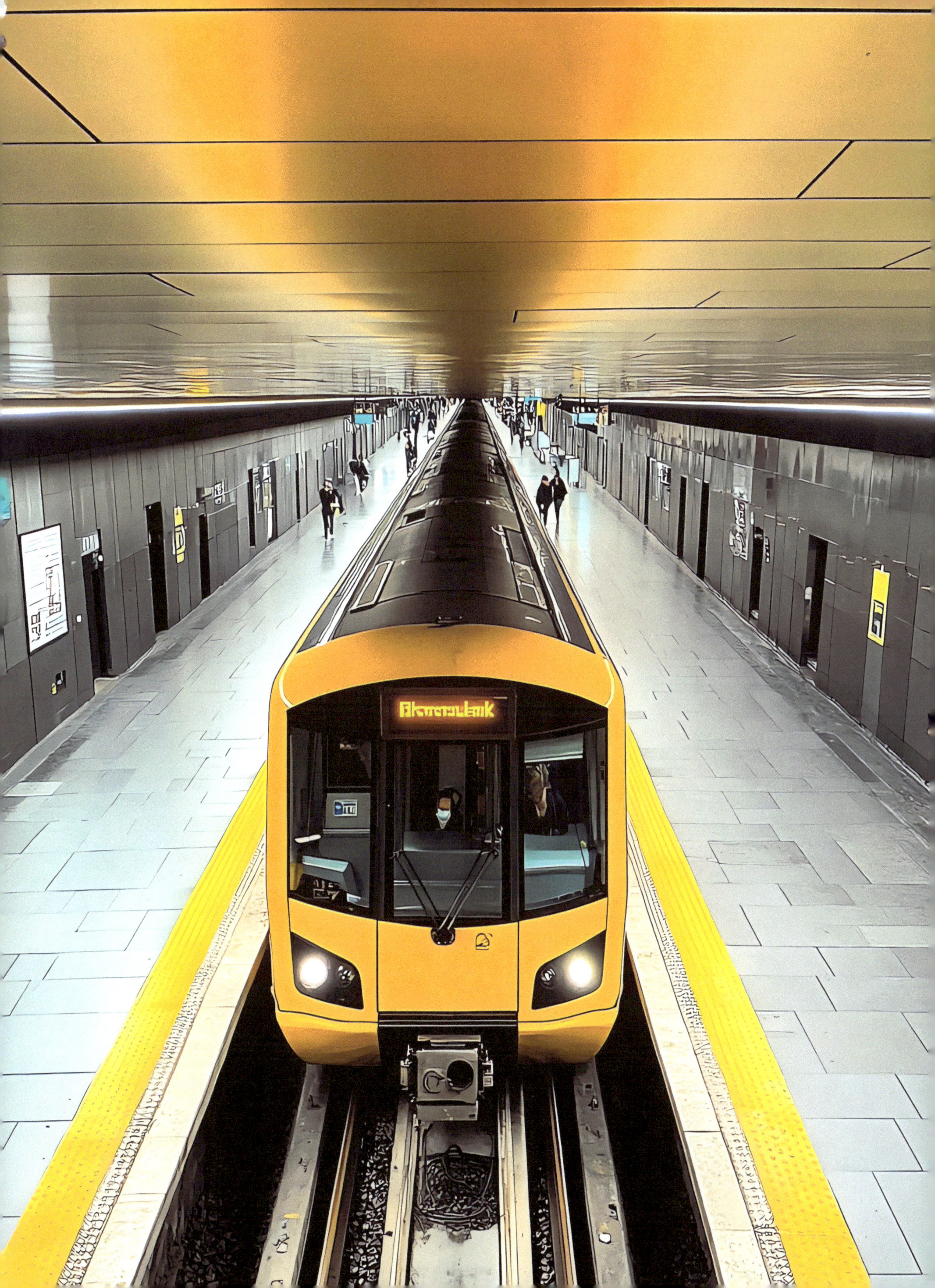

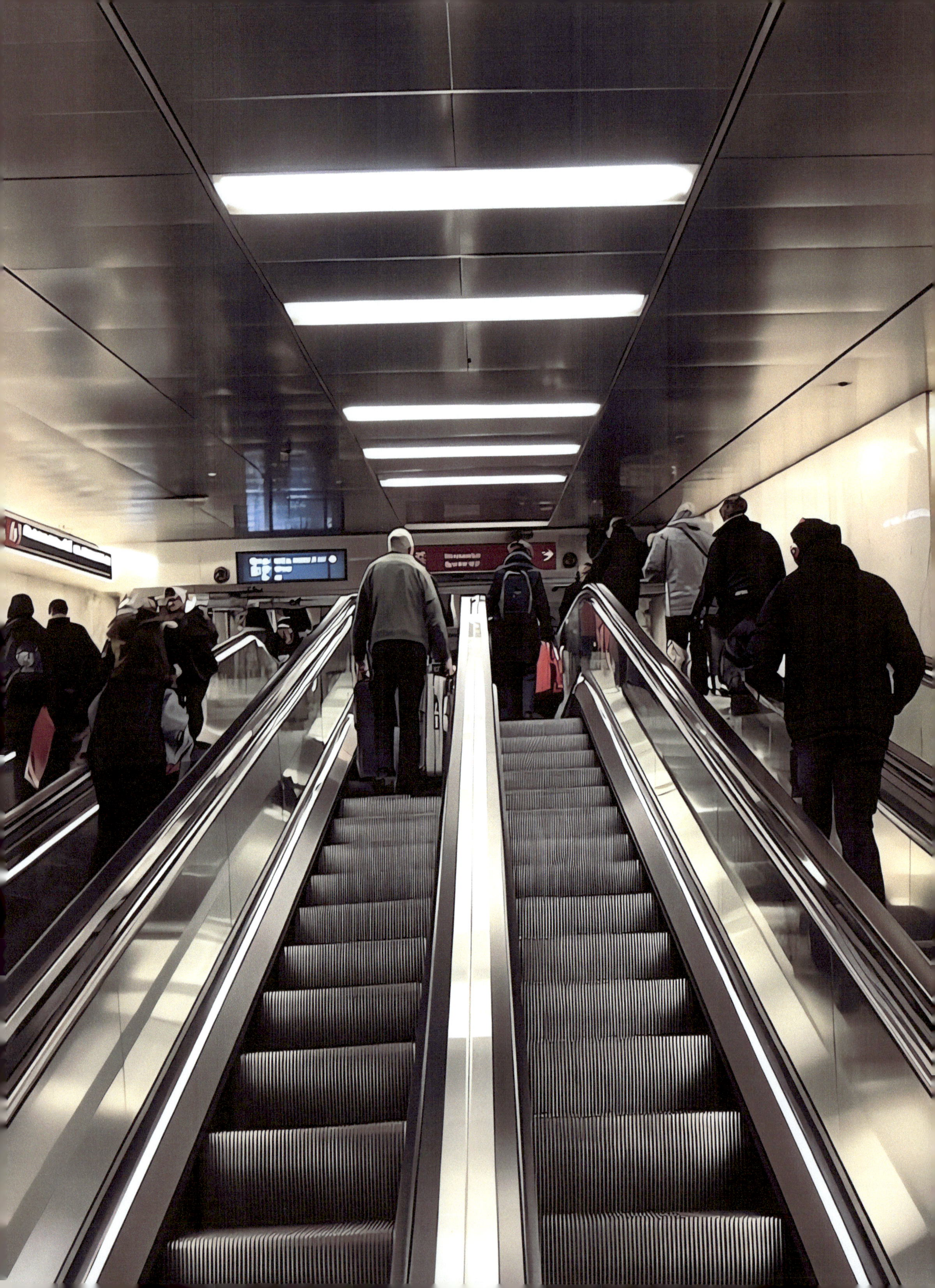

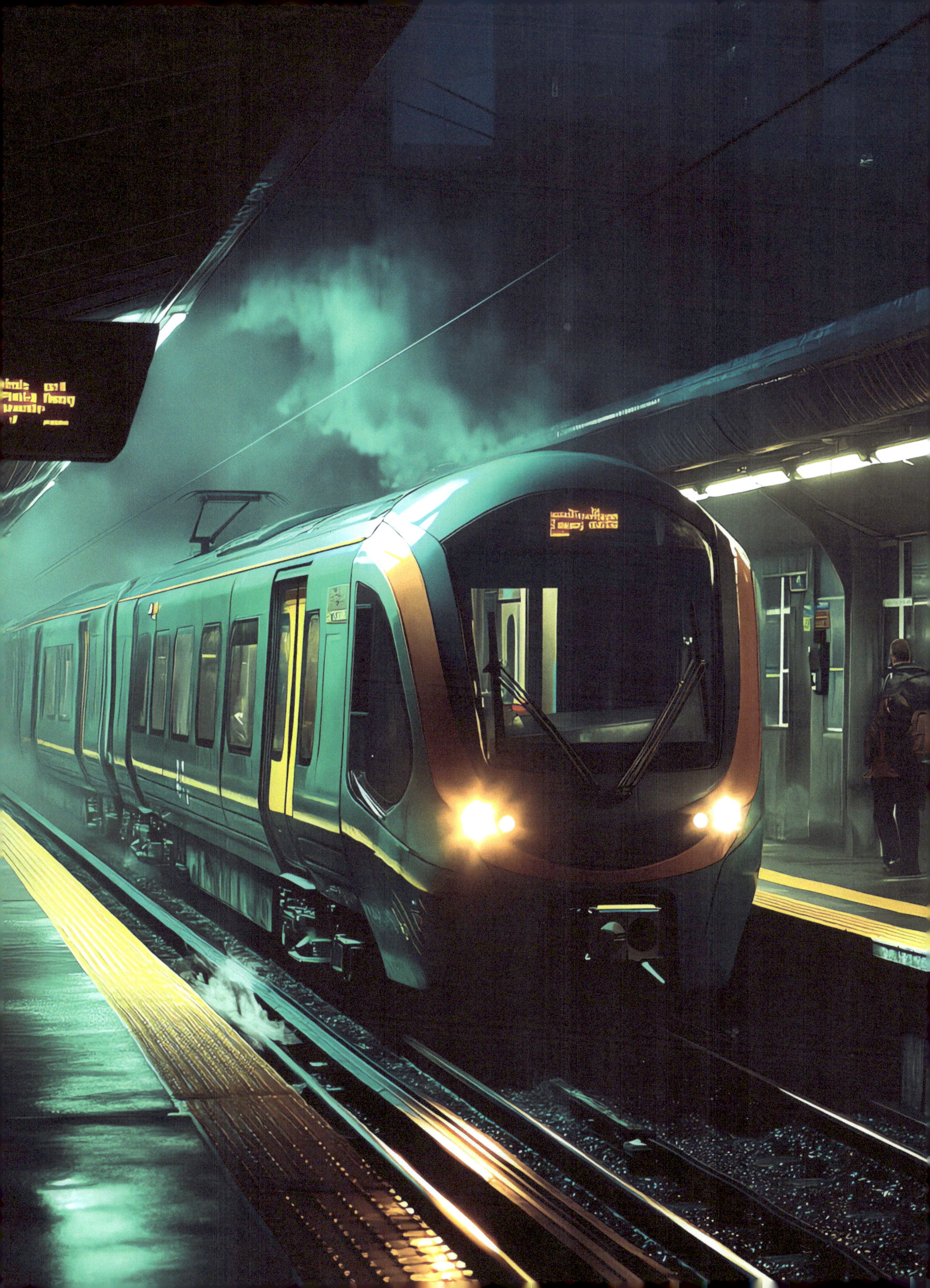

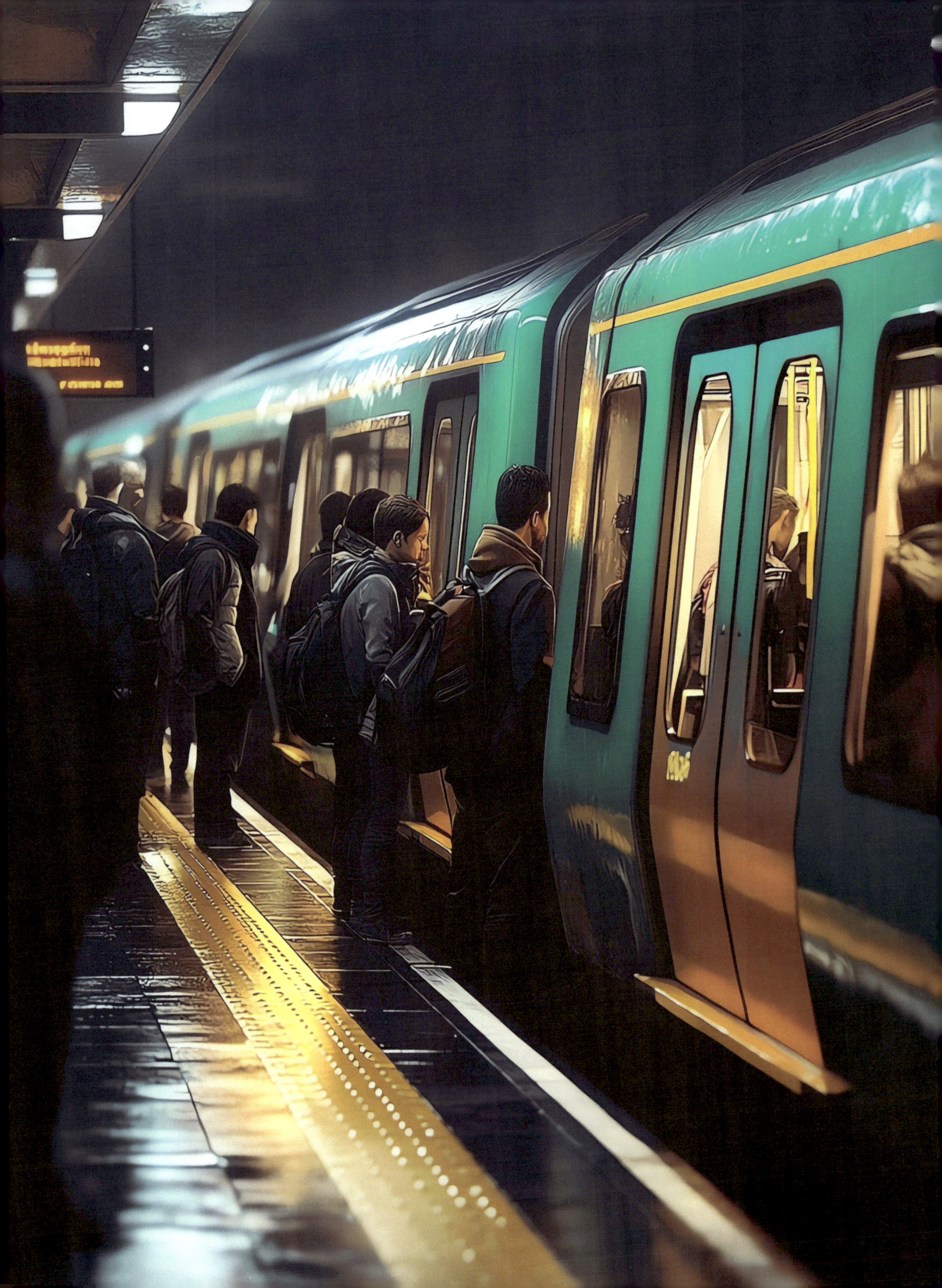

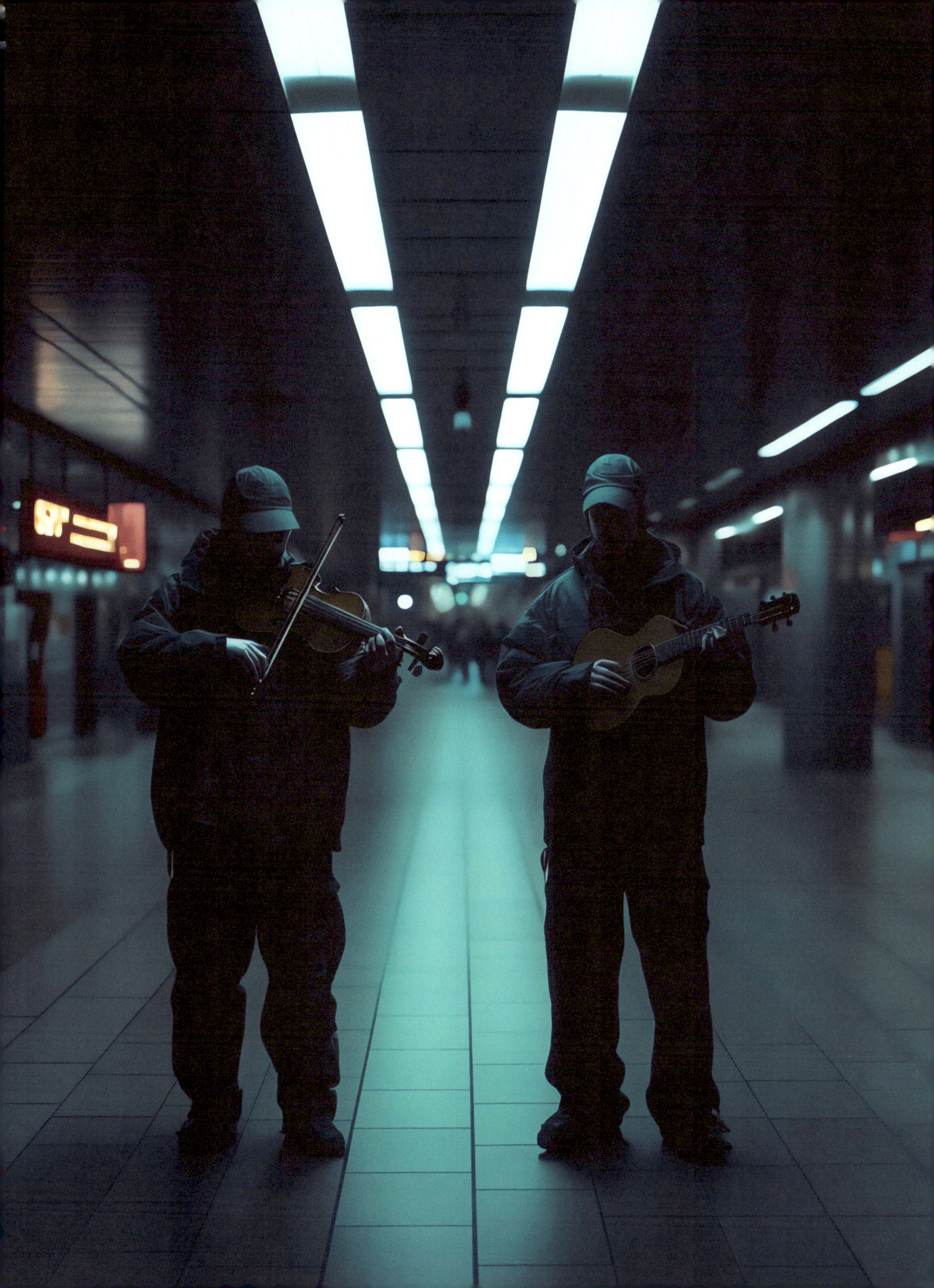

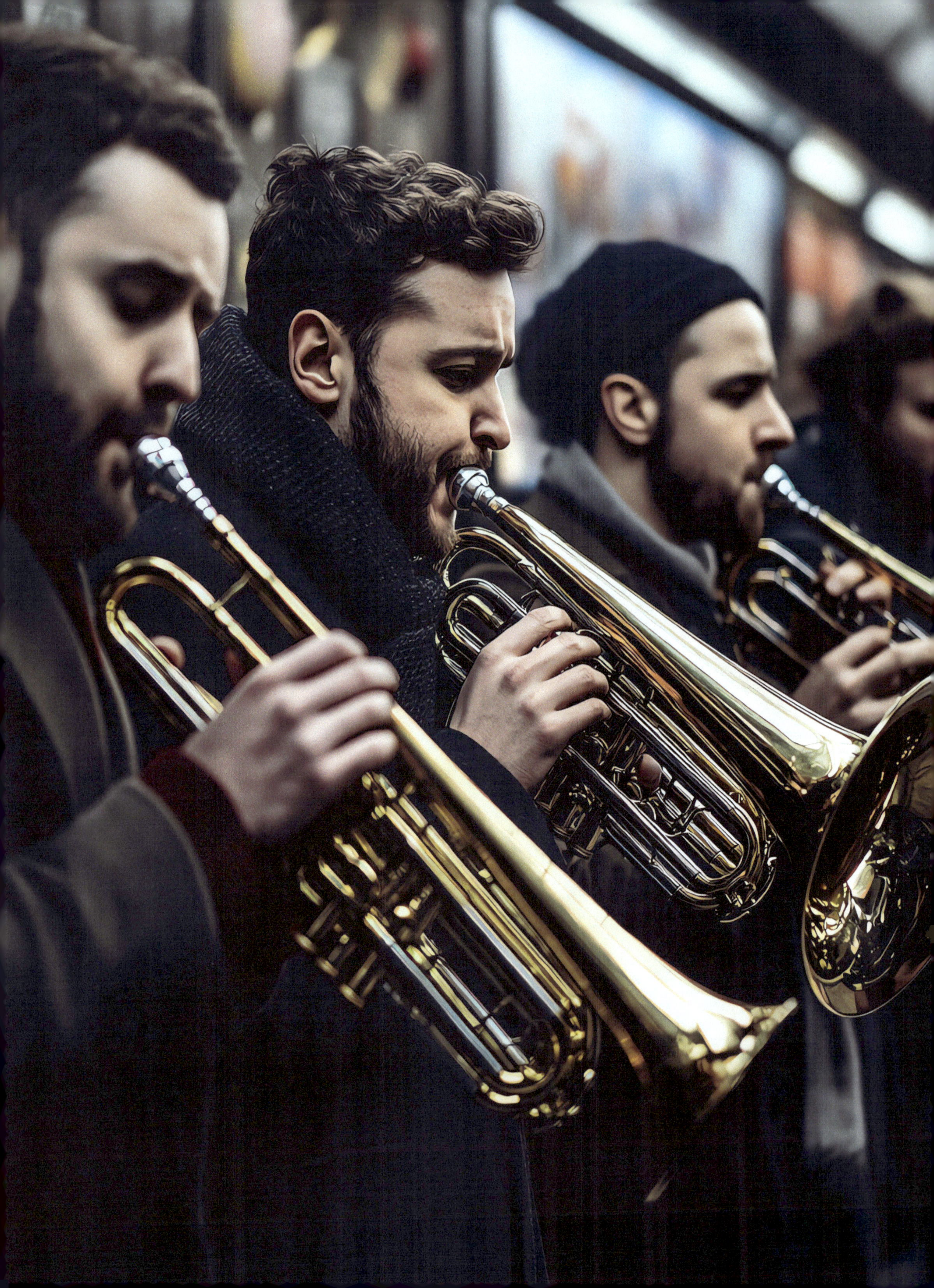

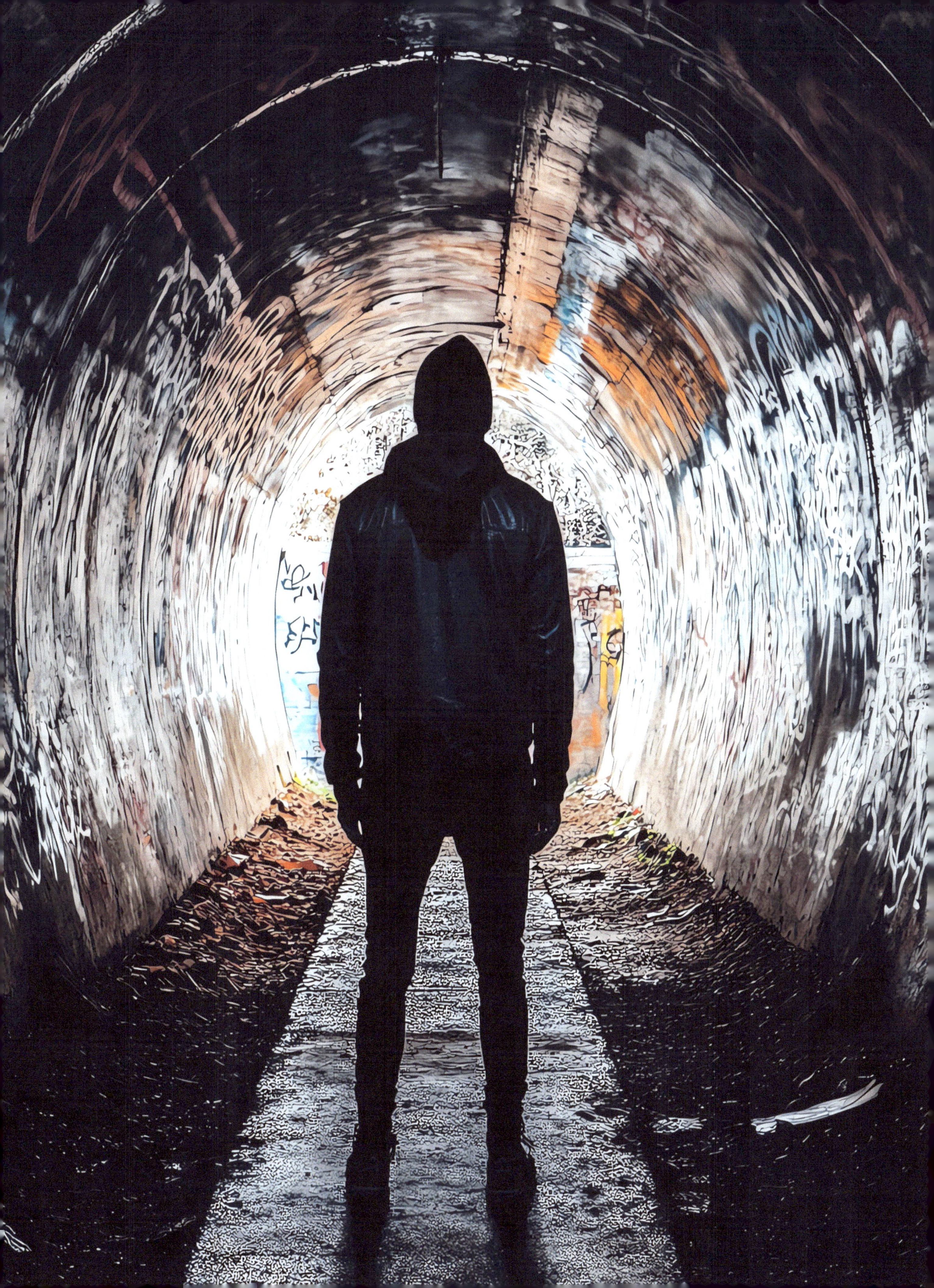

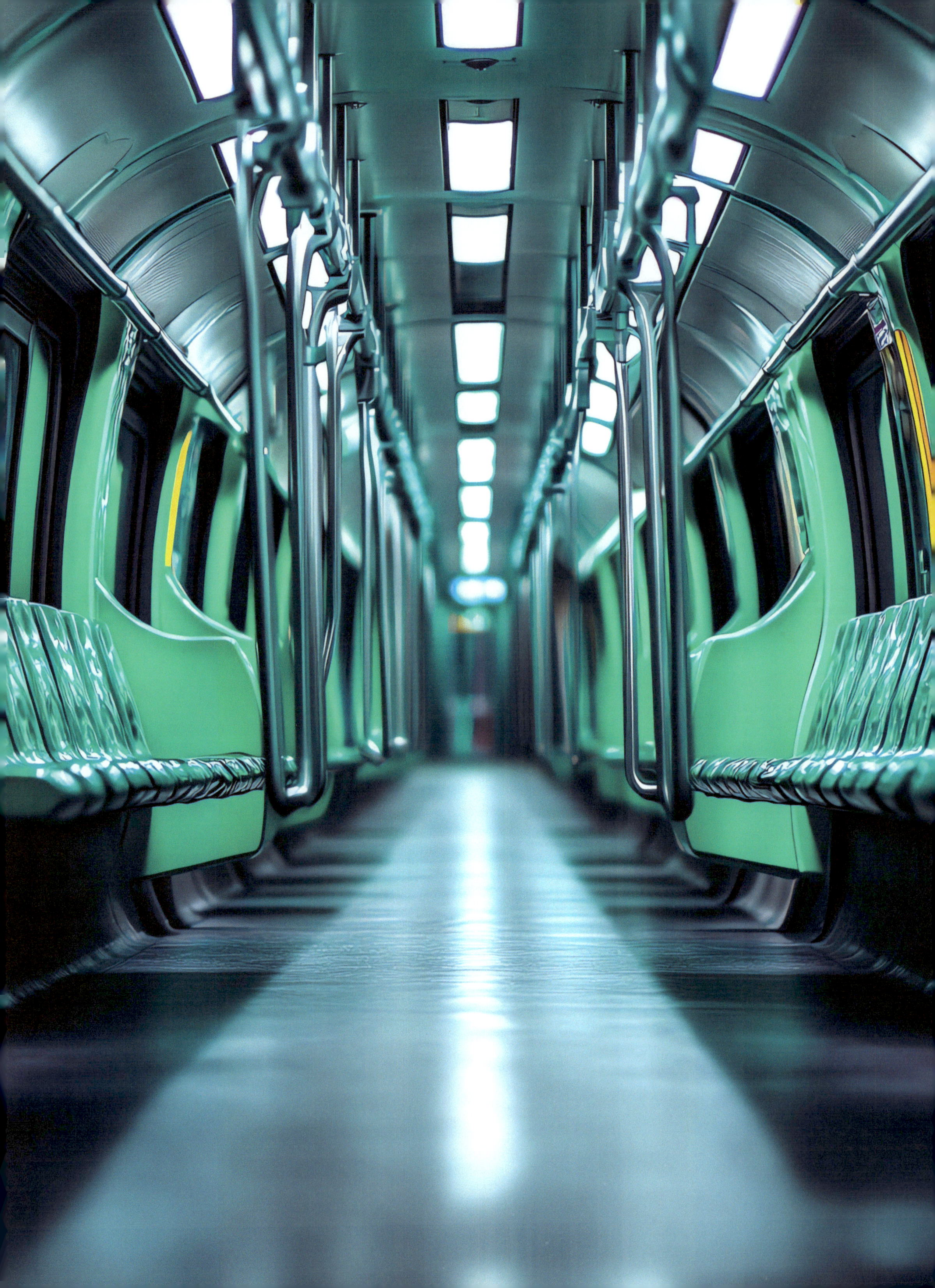

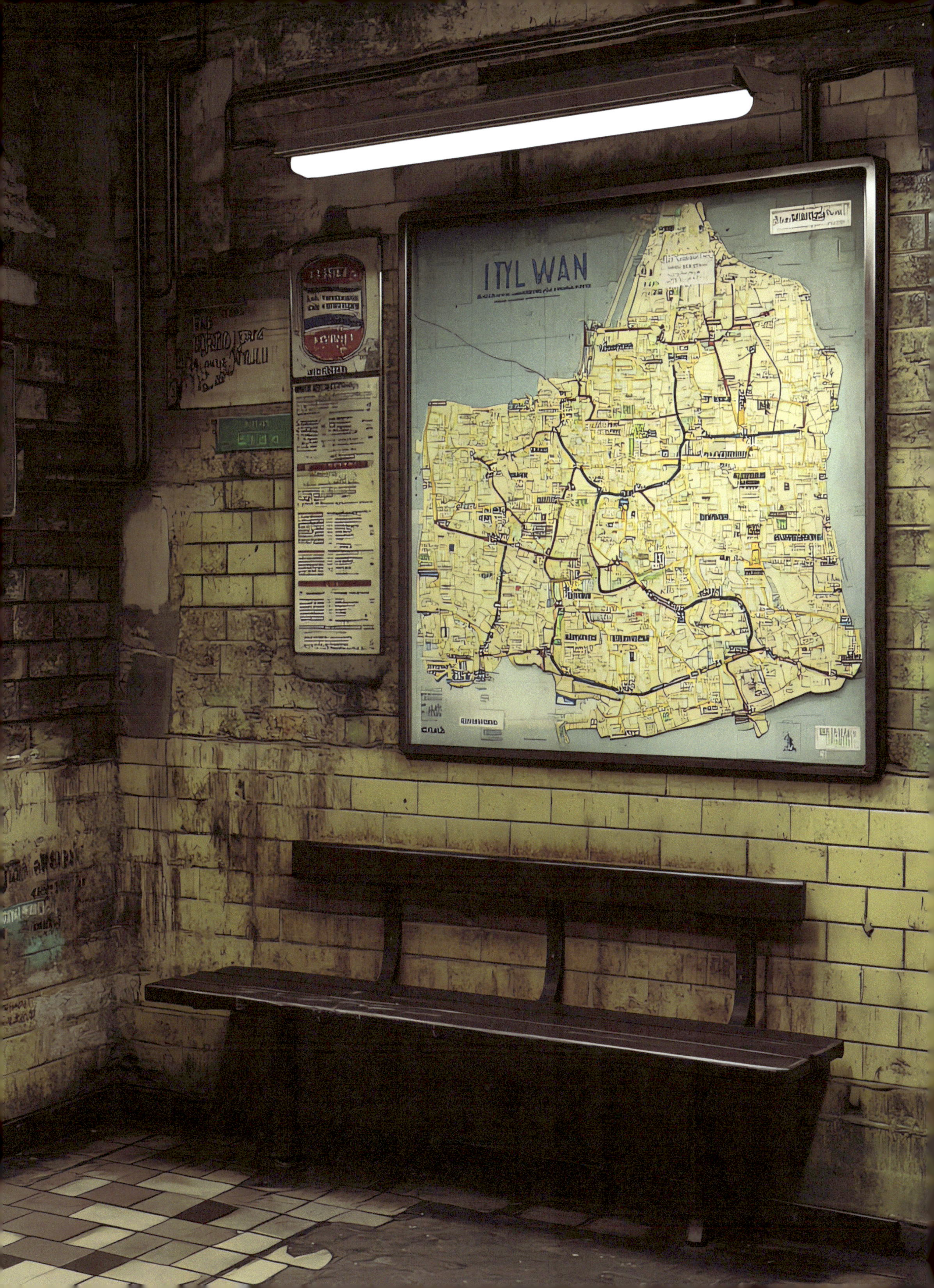
ITYL WAN

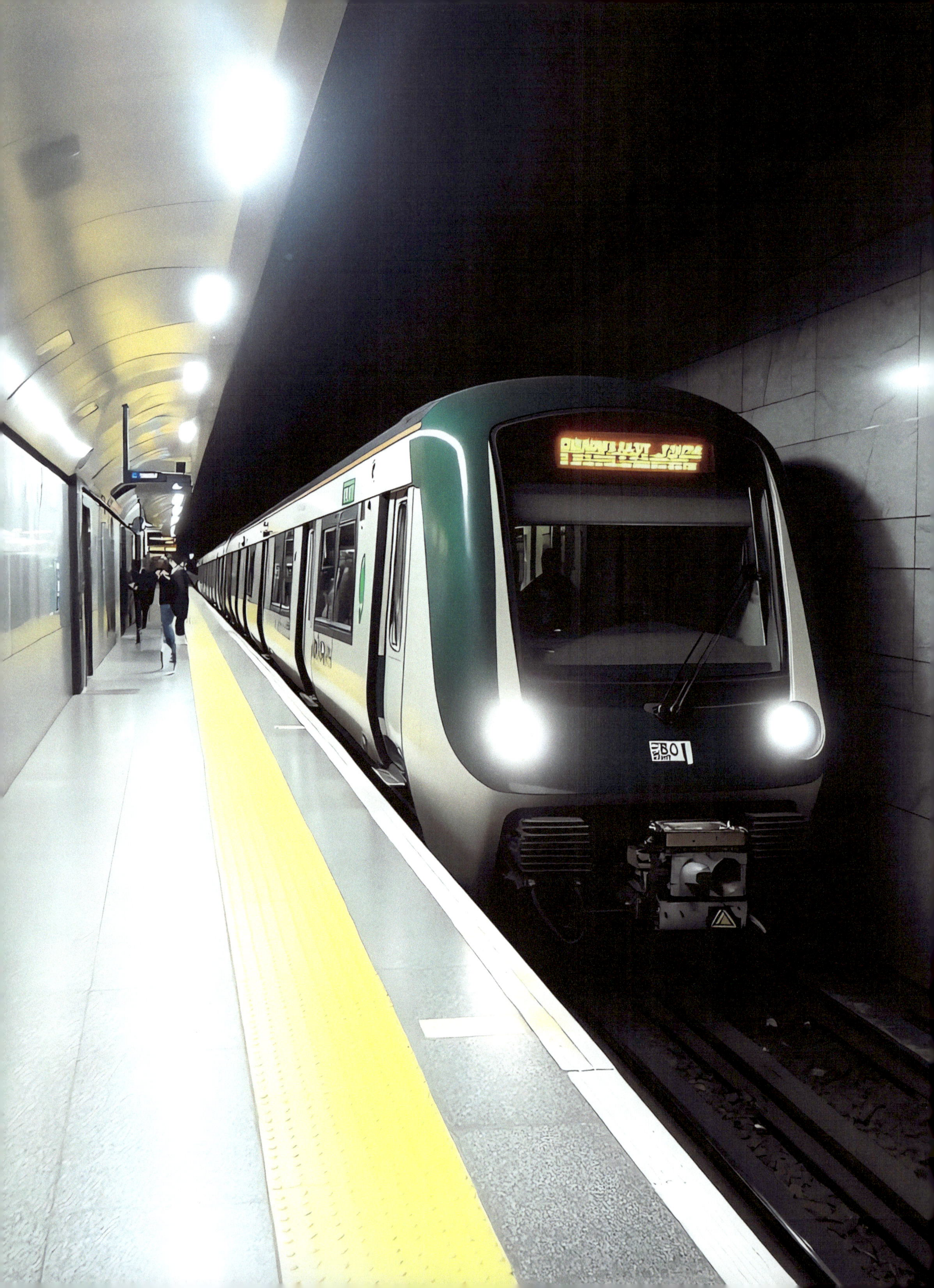

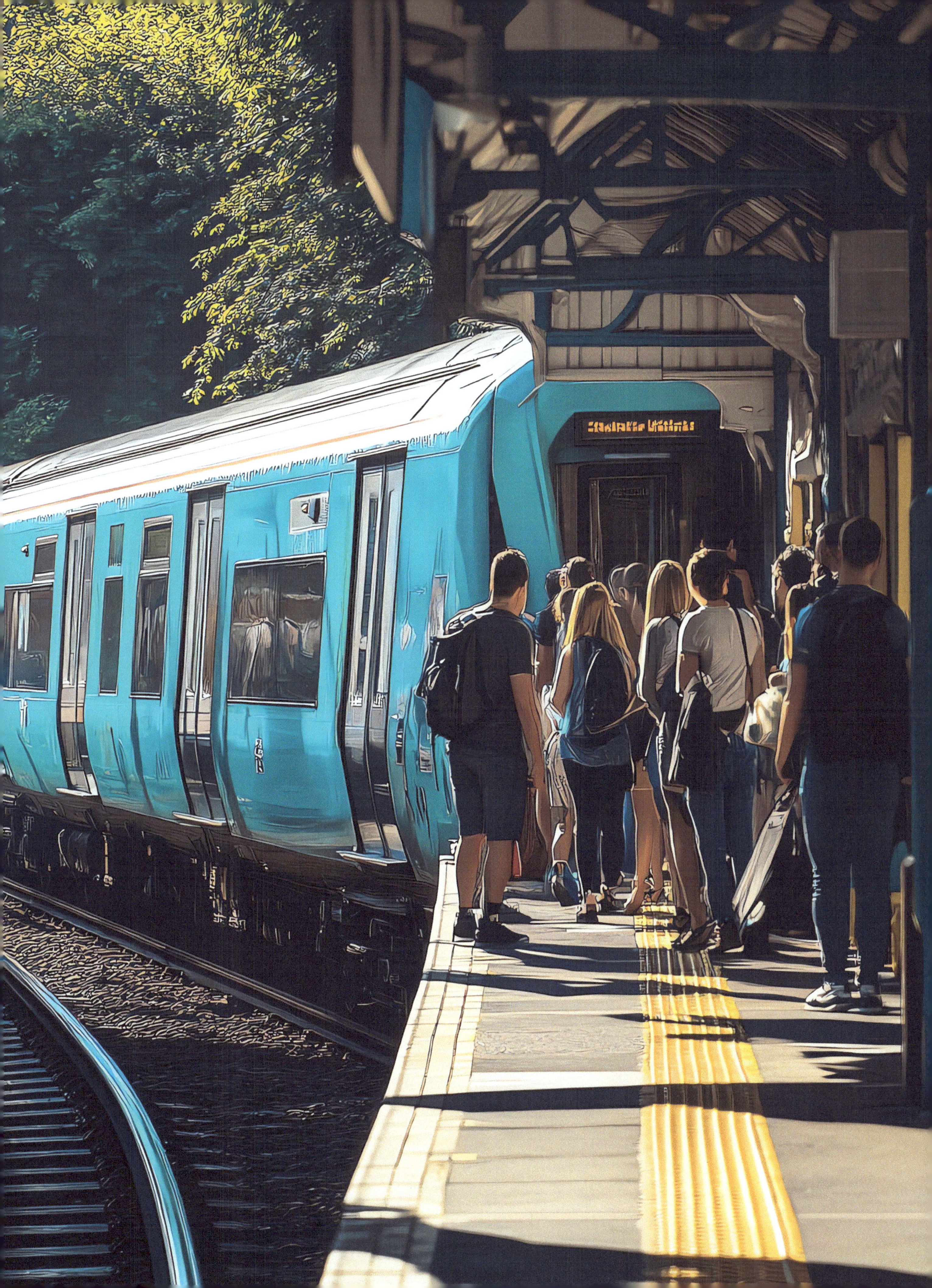

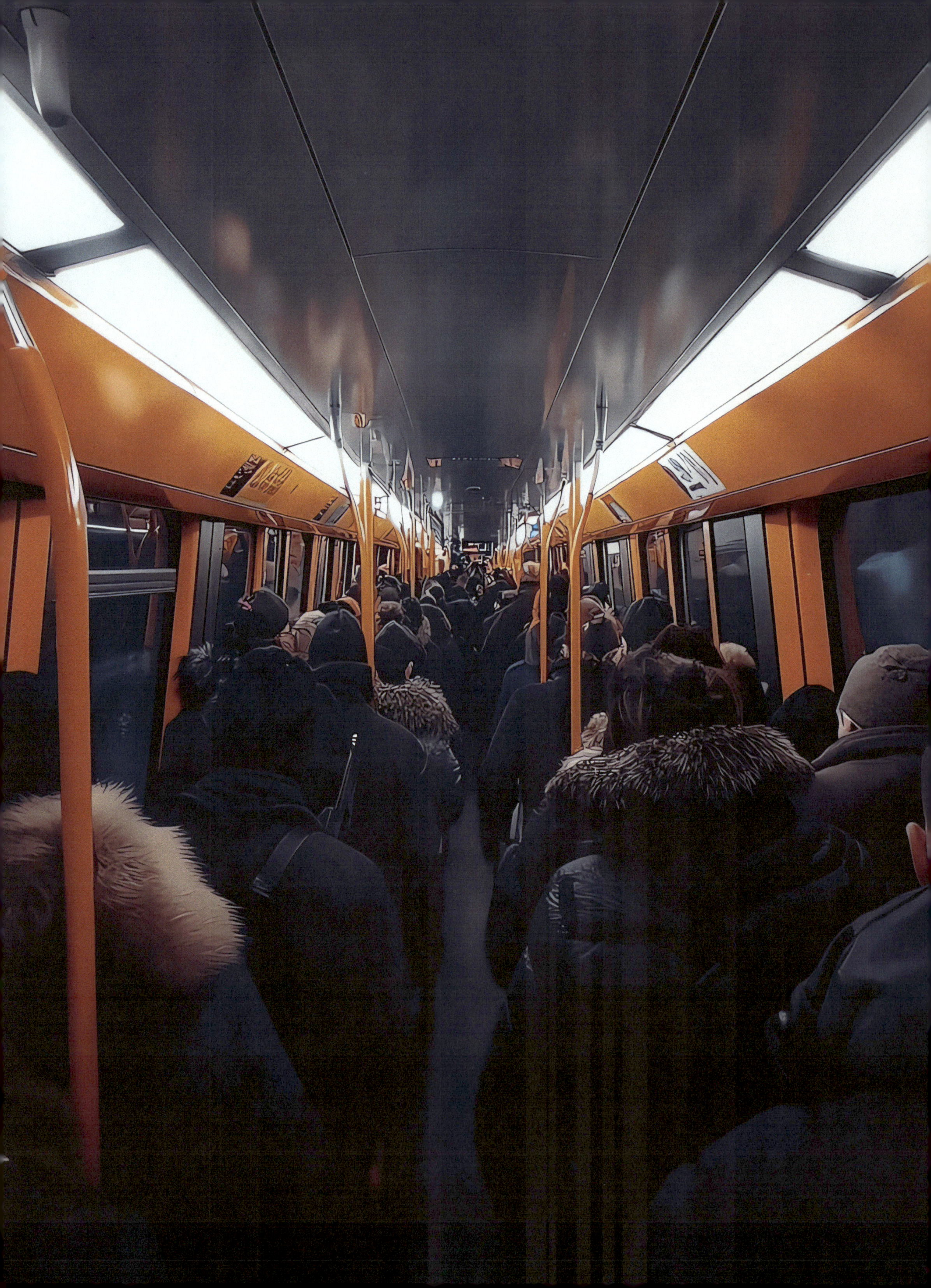

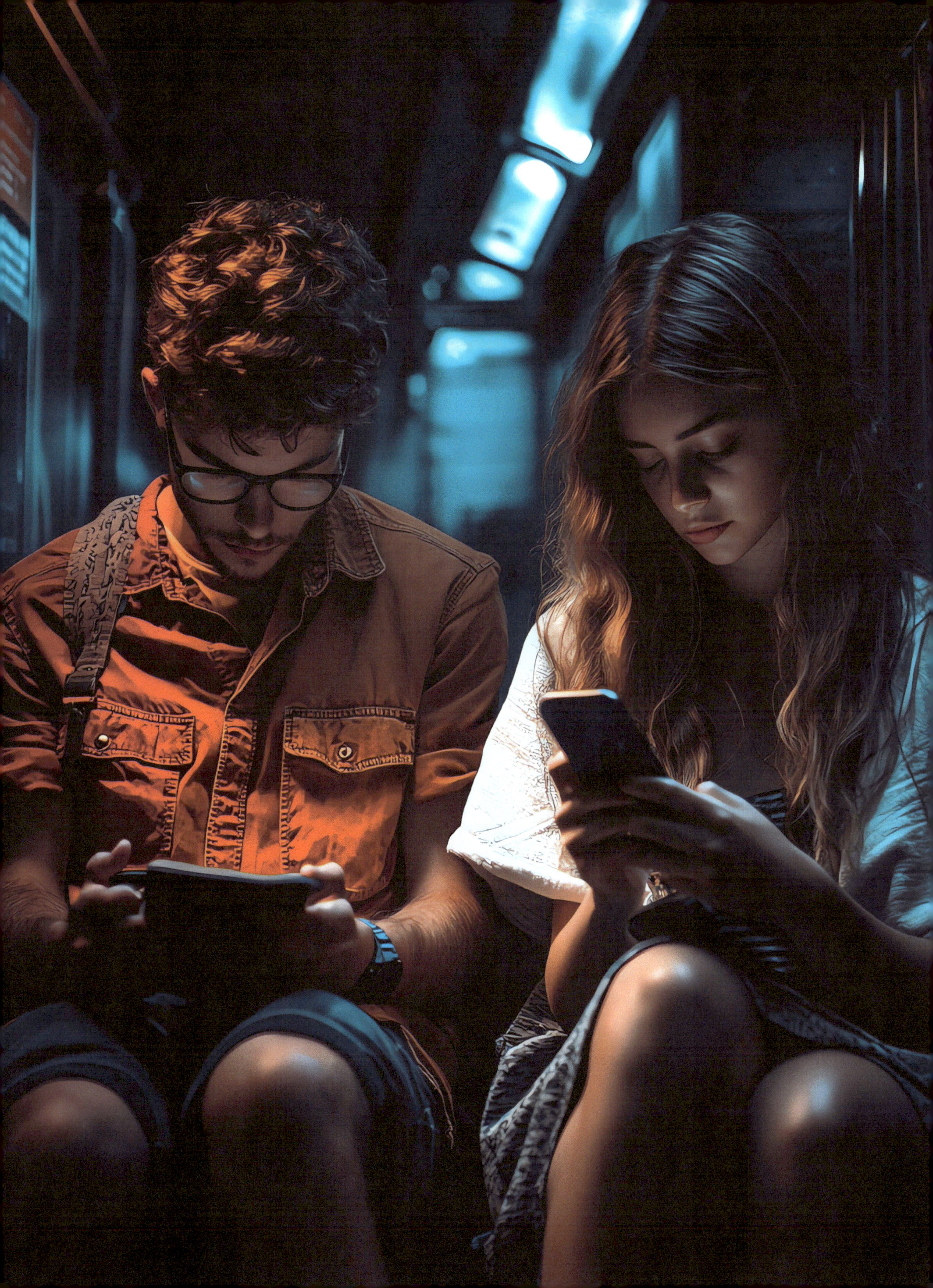

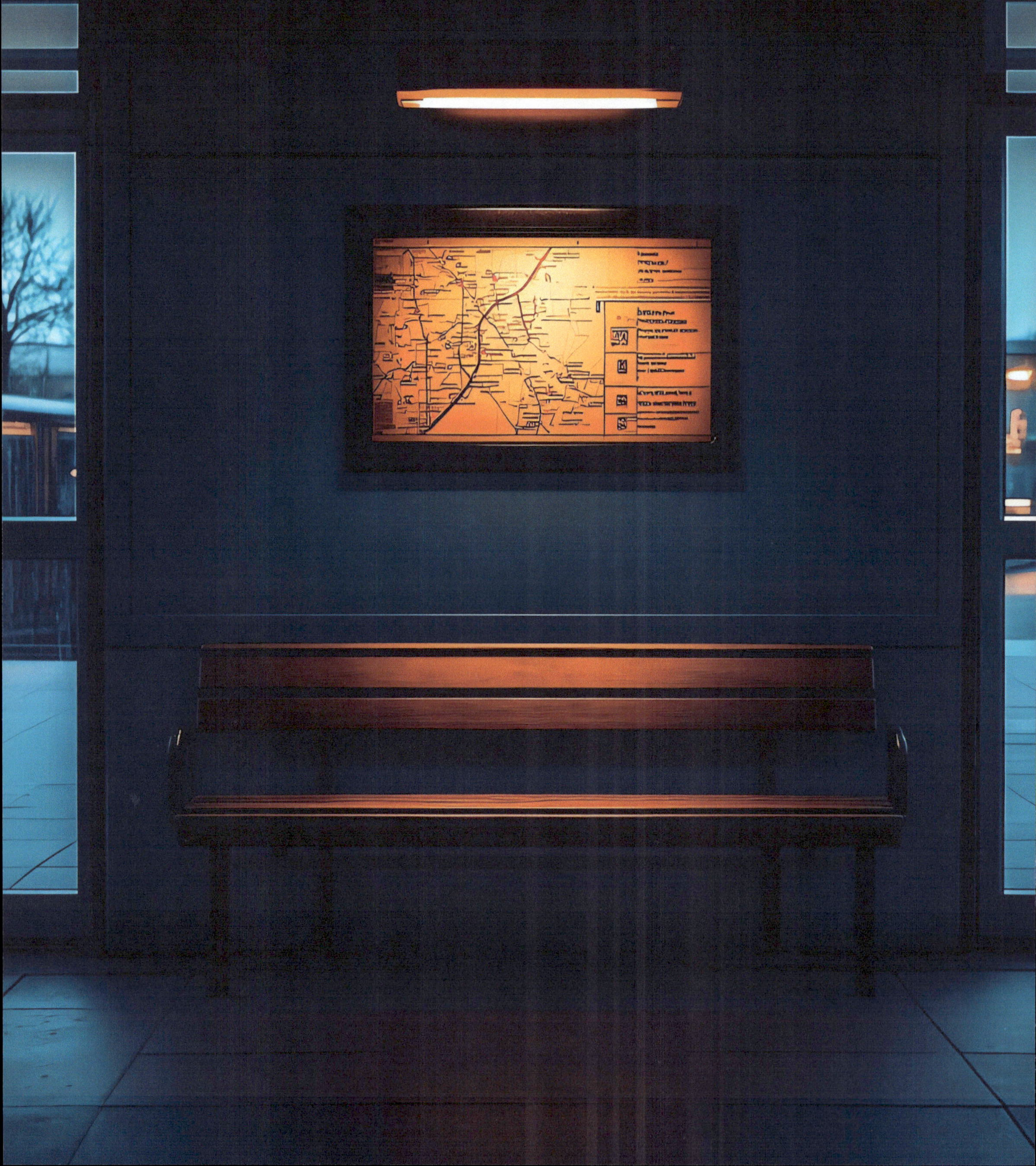

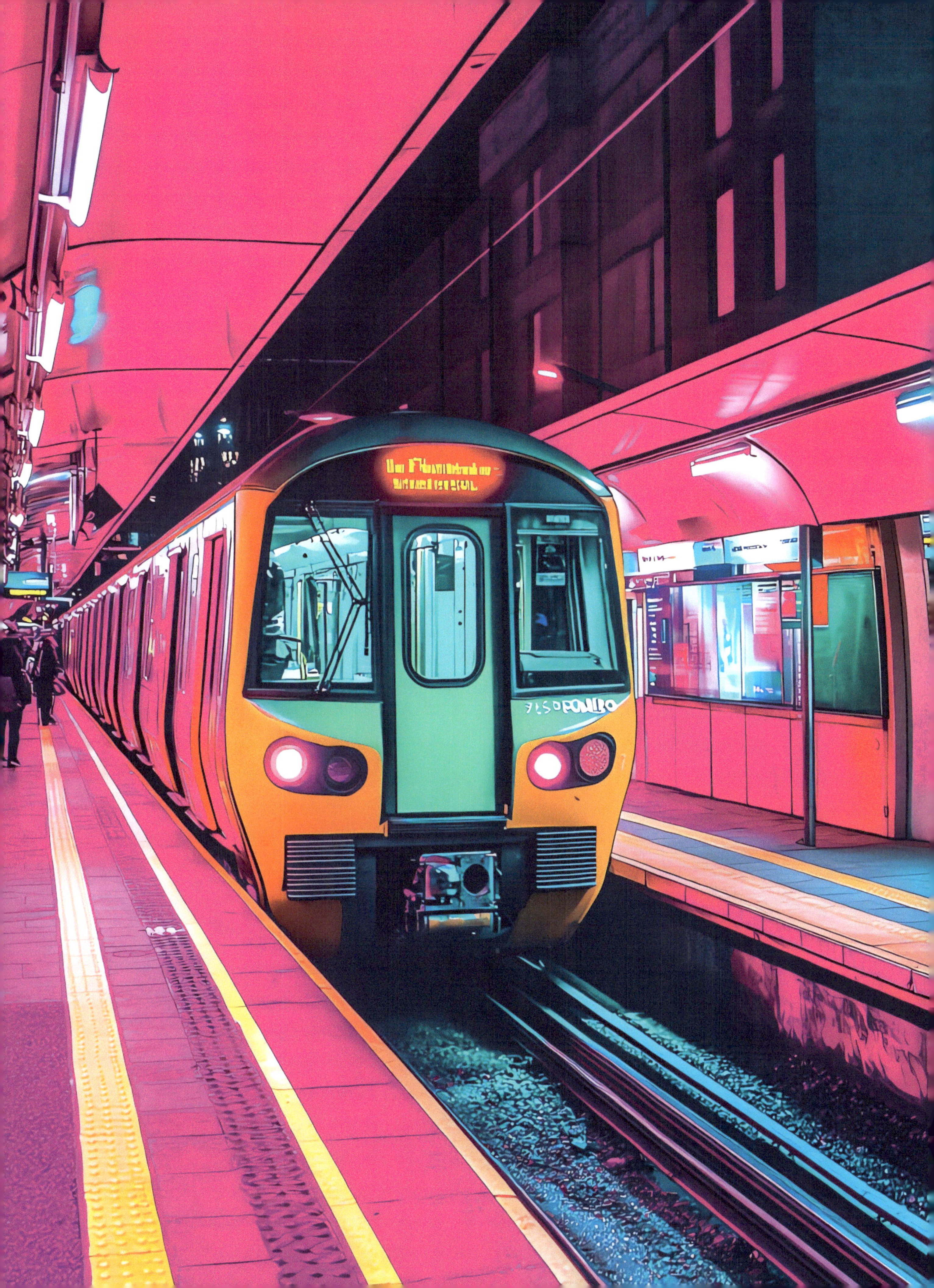

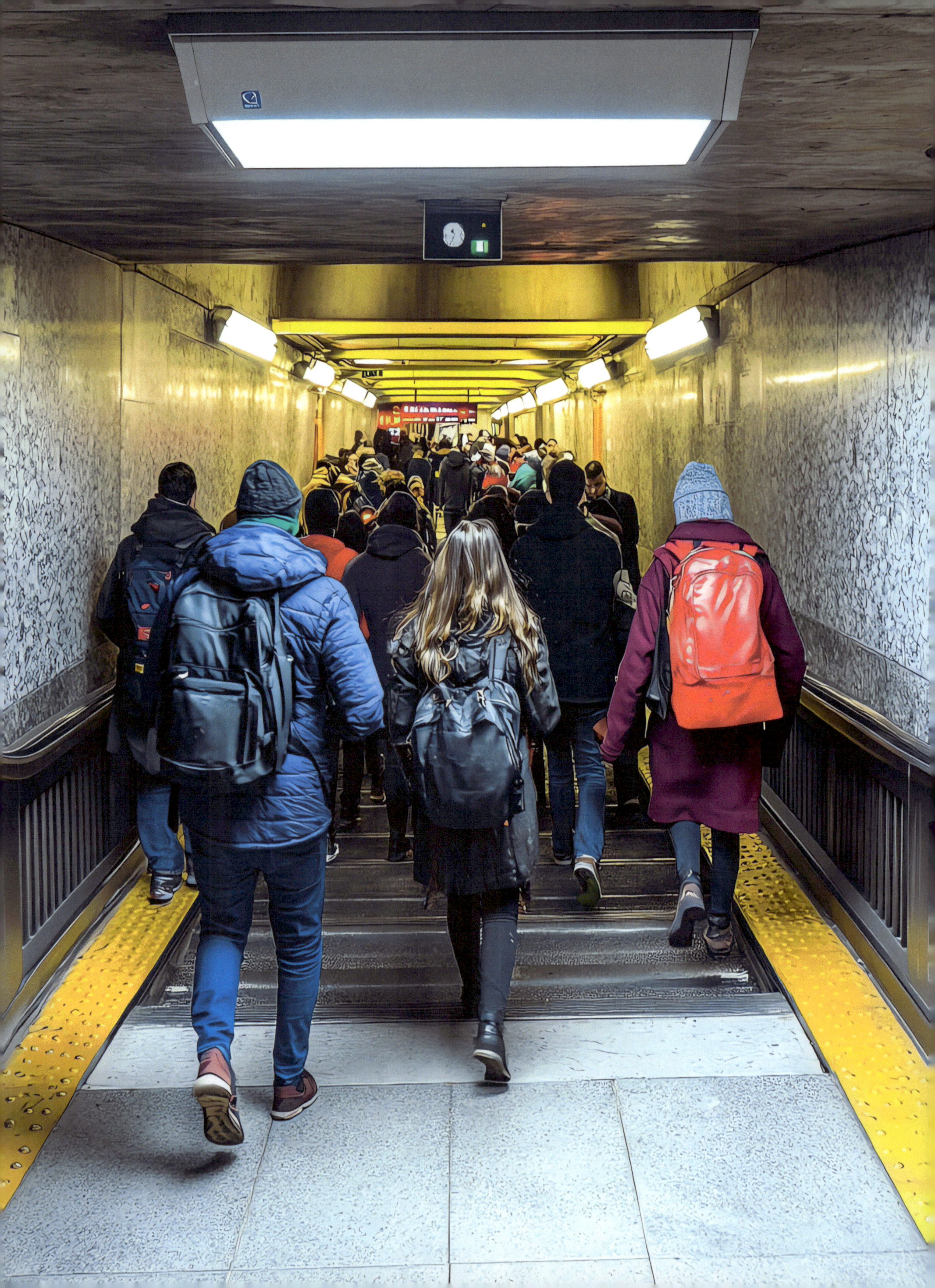

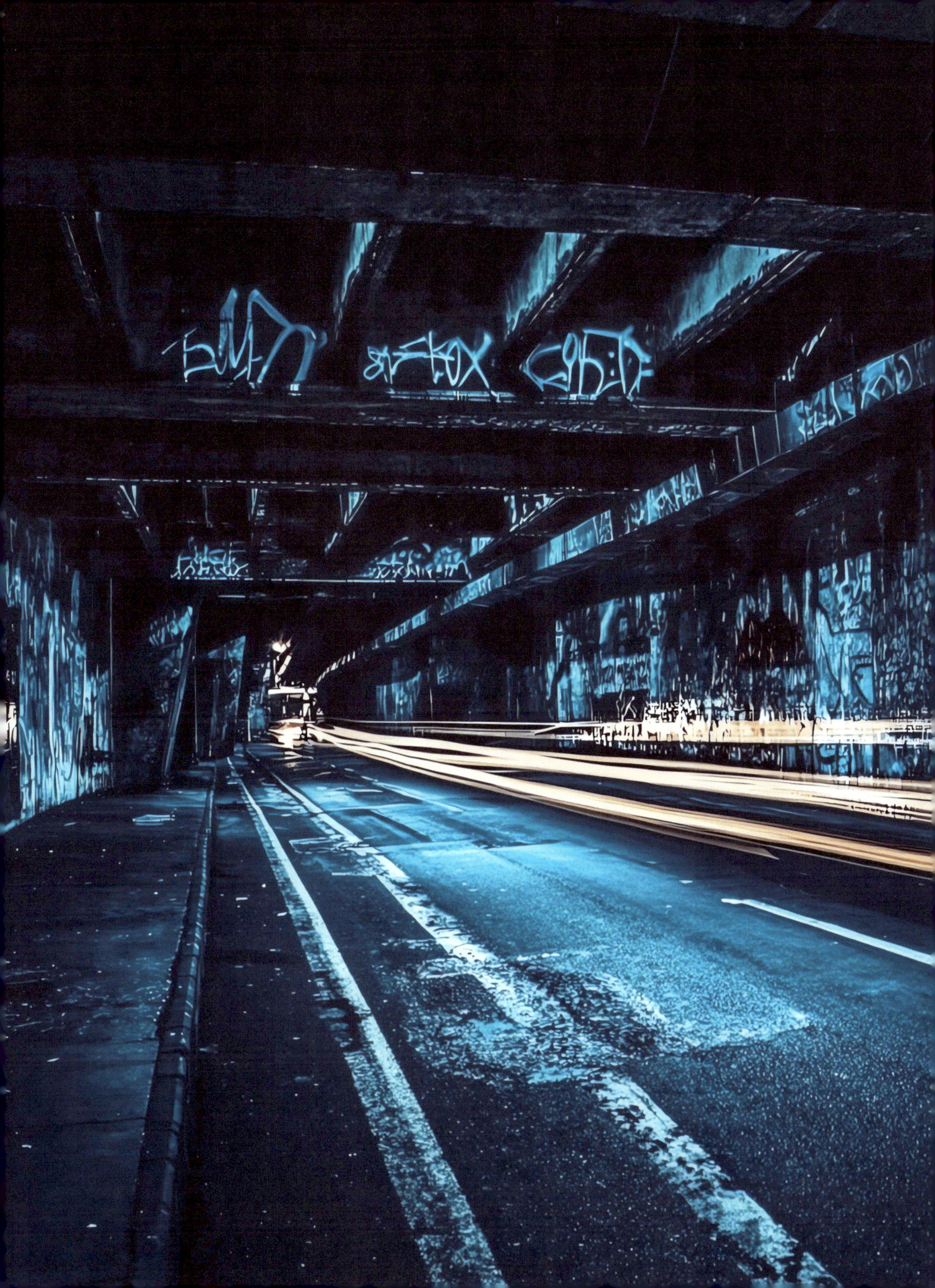

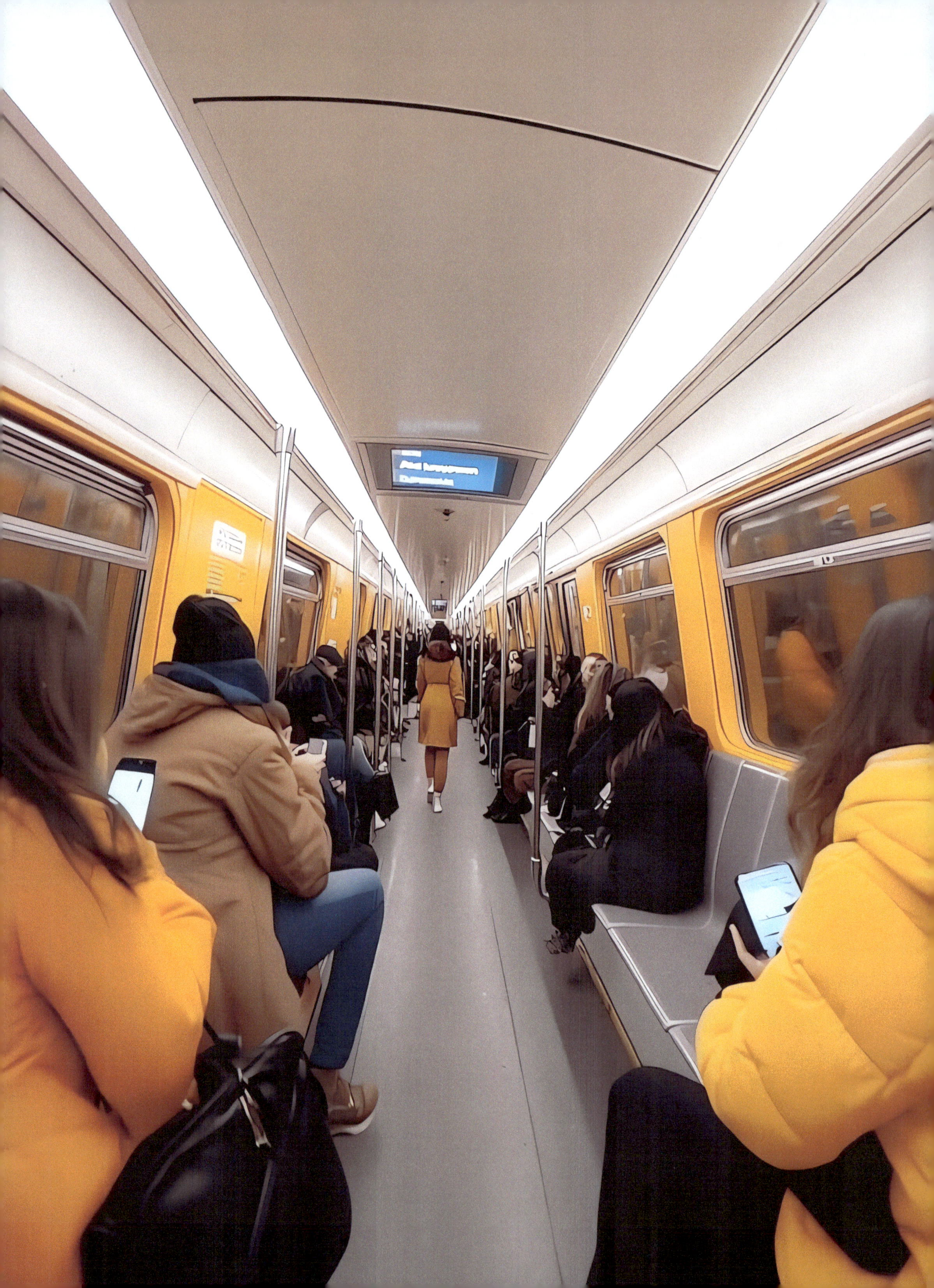

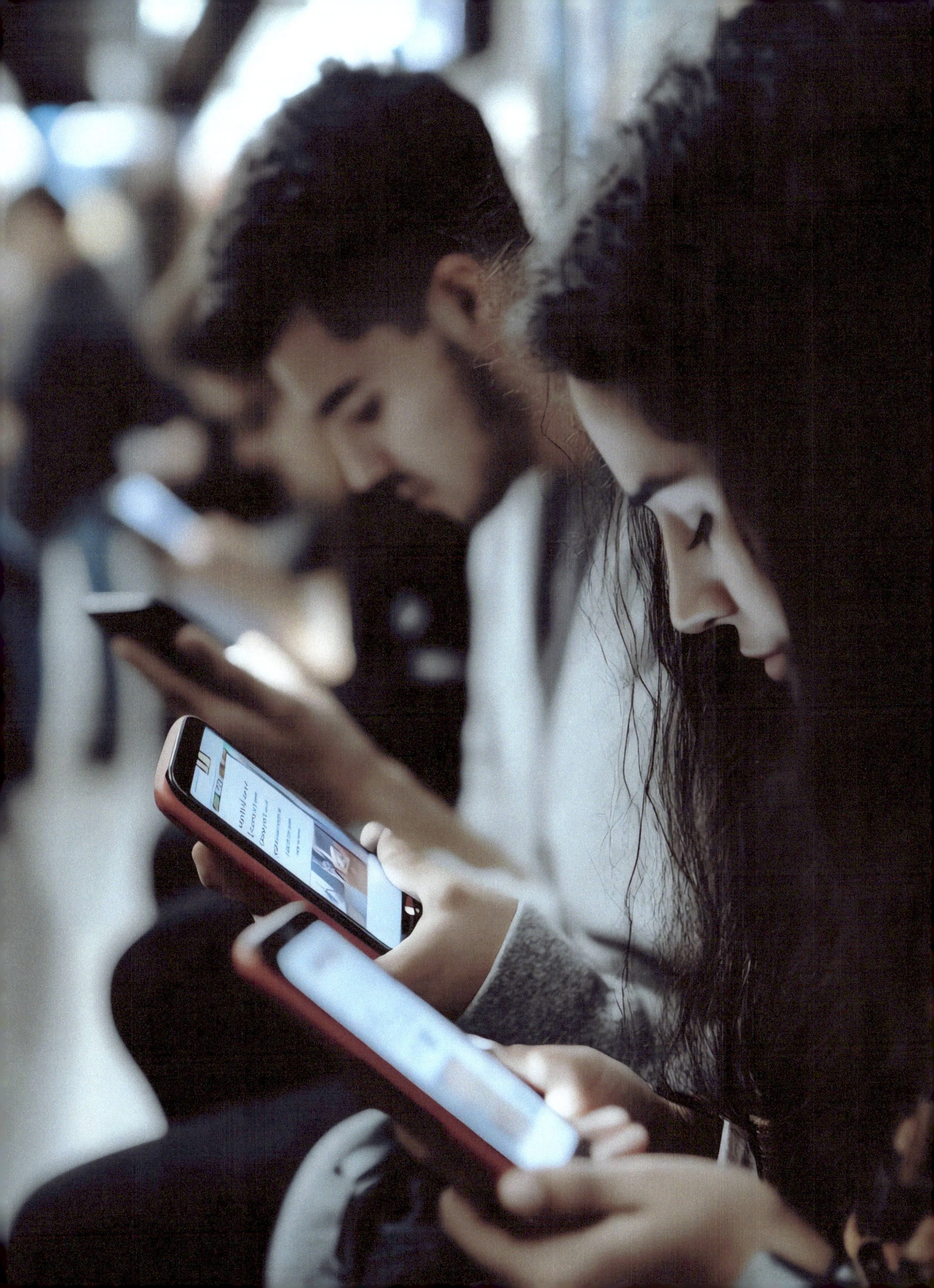

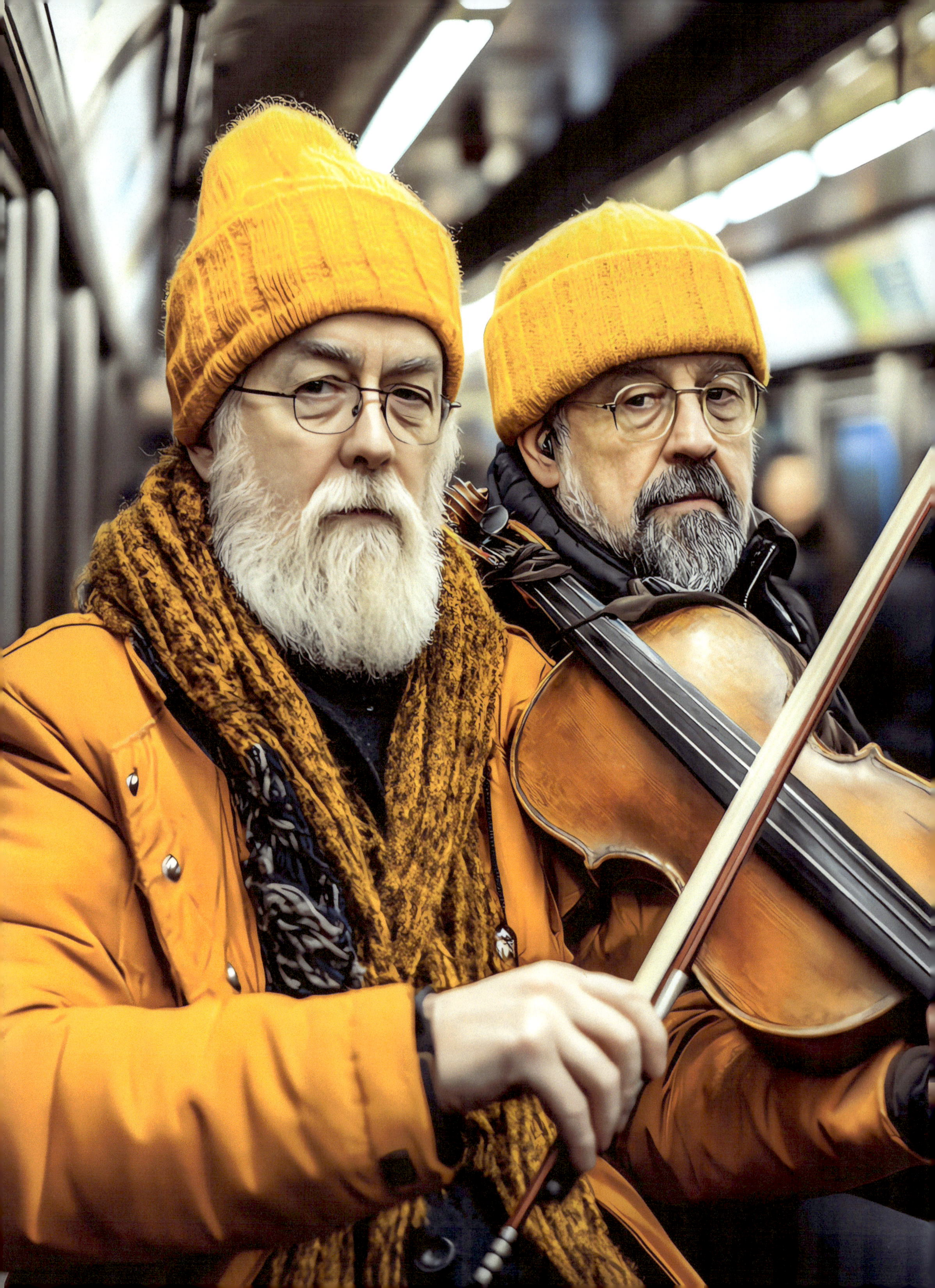

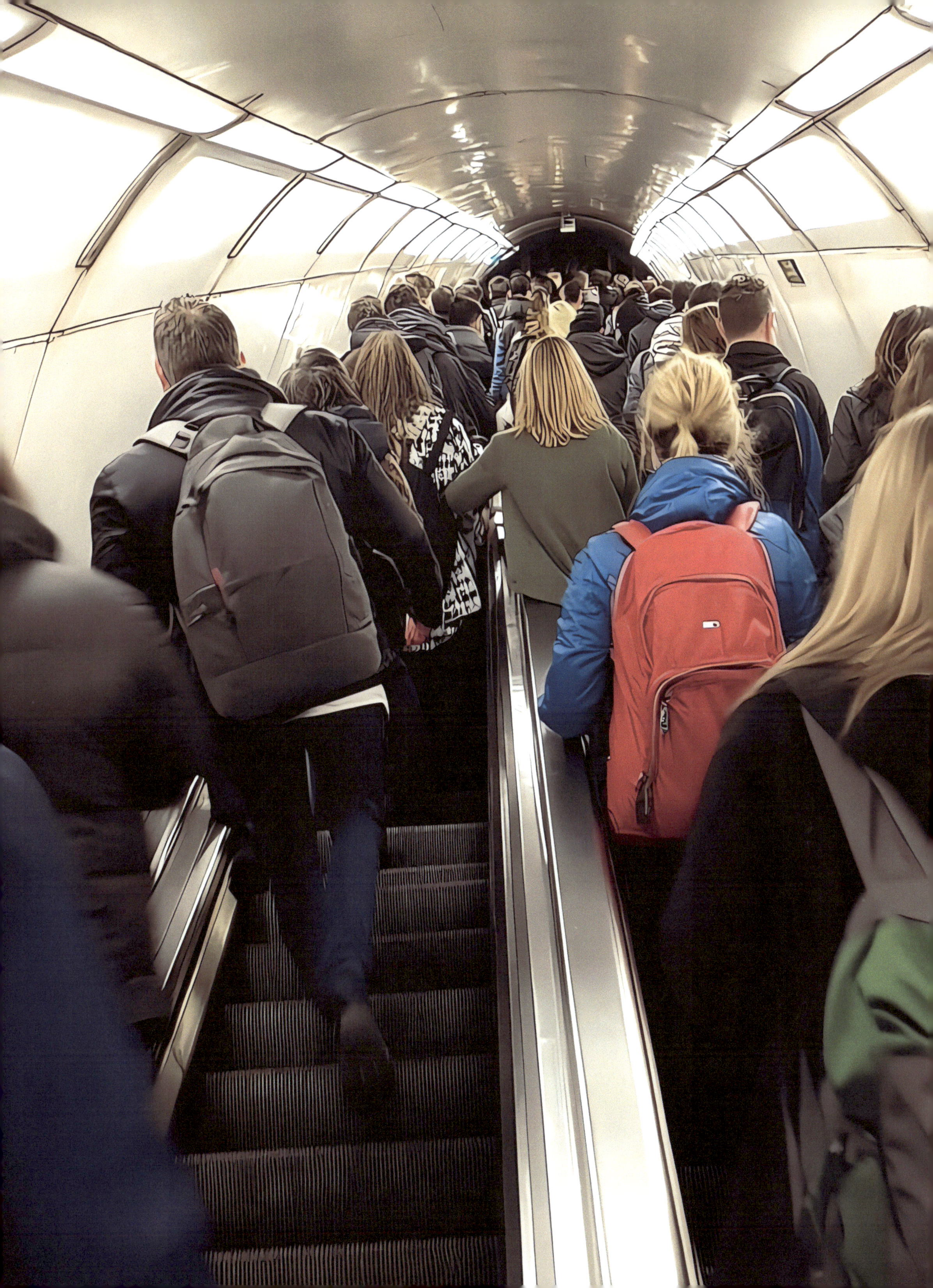

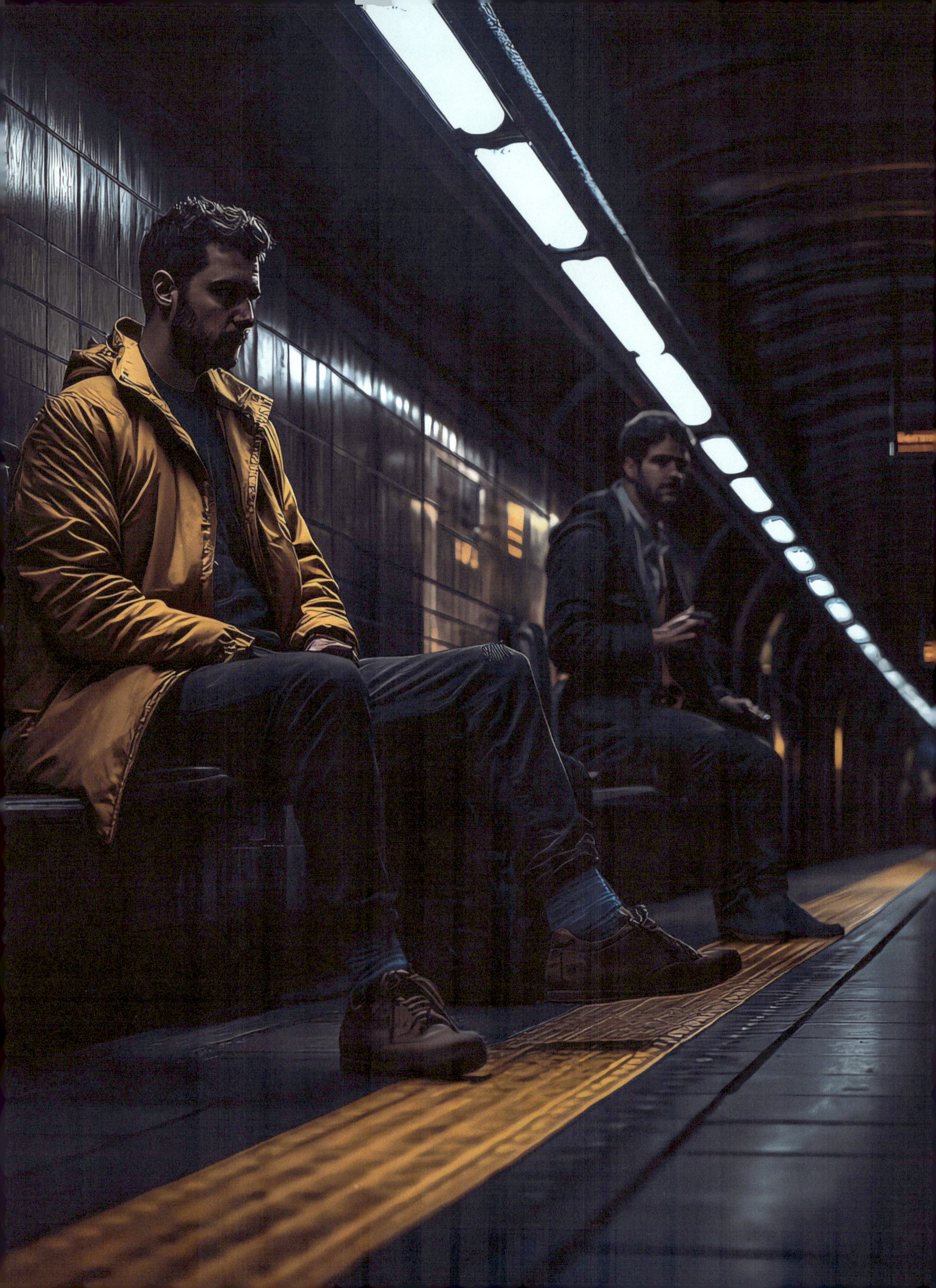

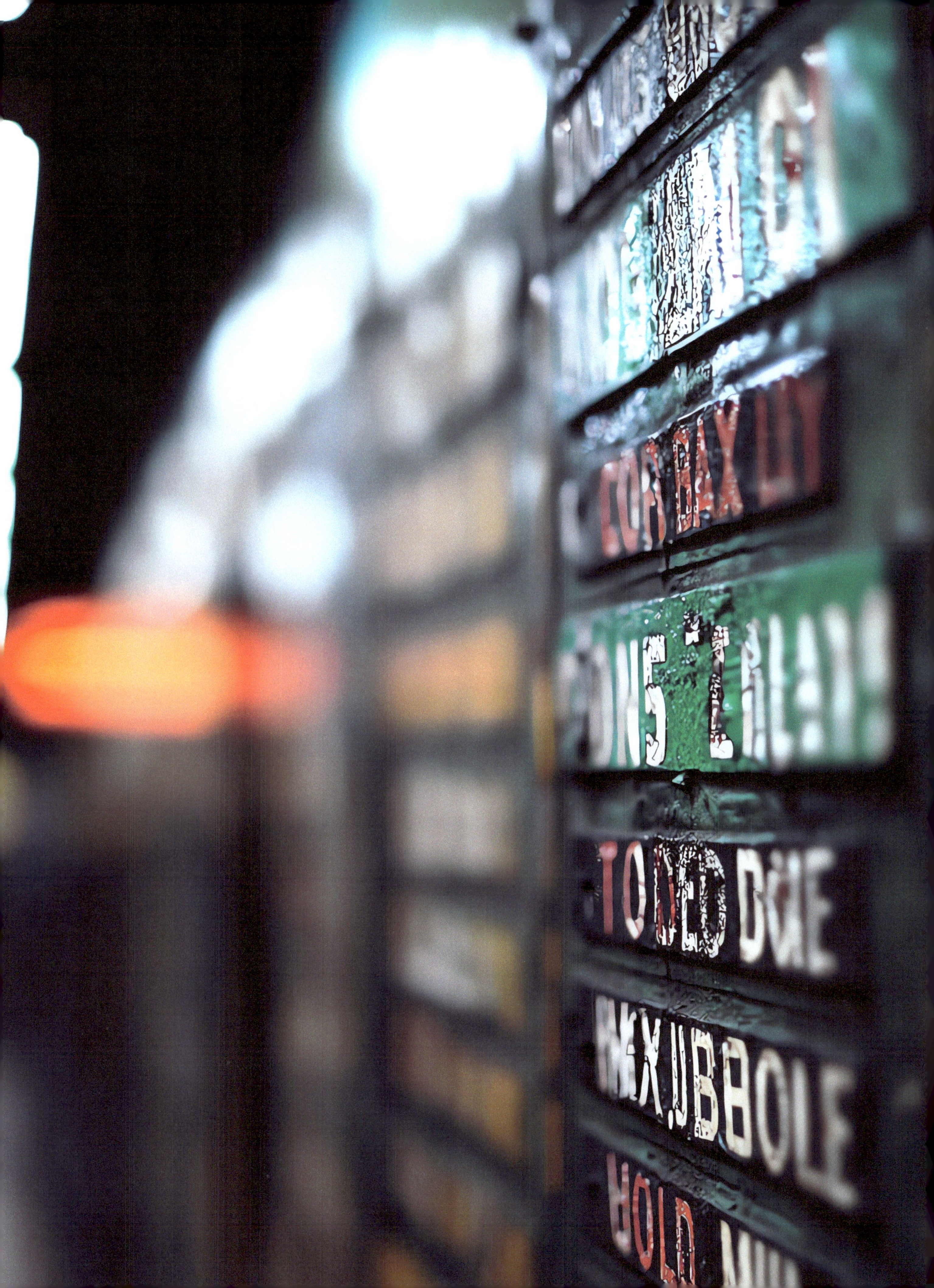

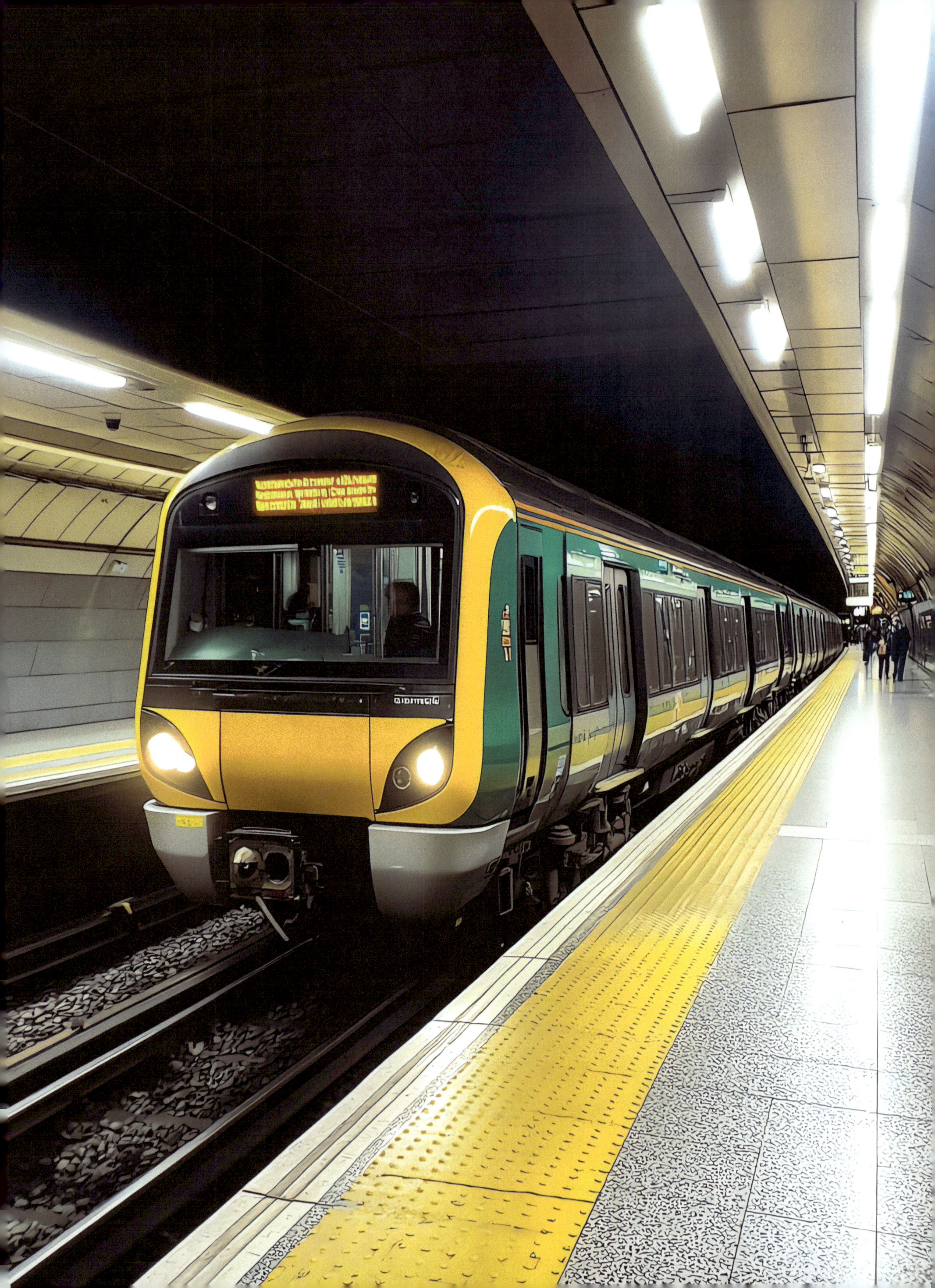

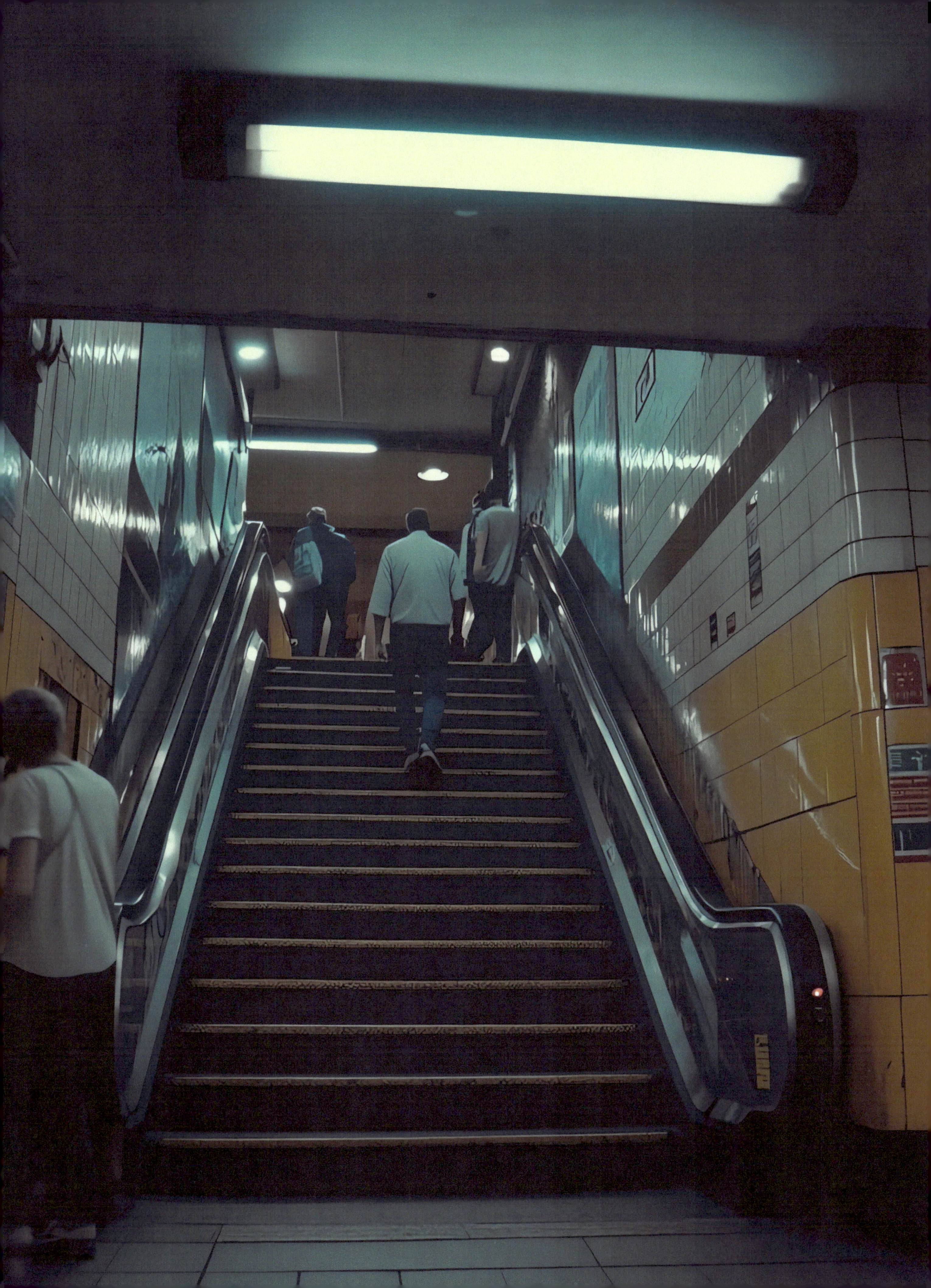

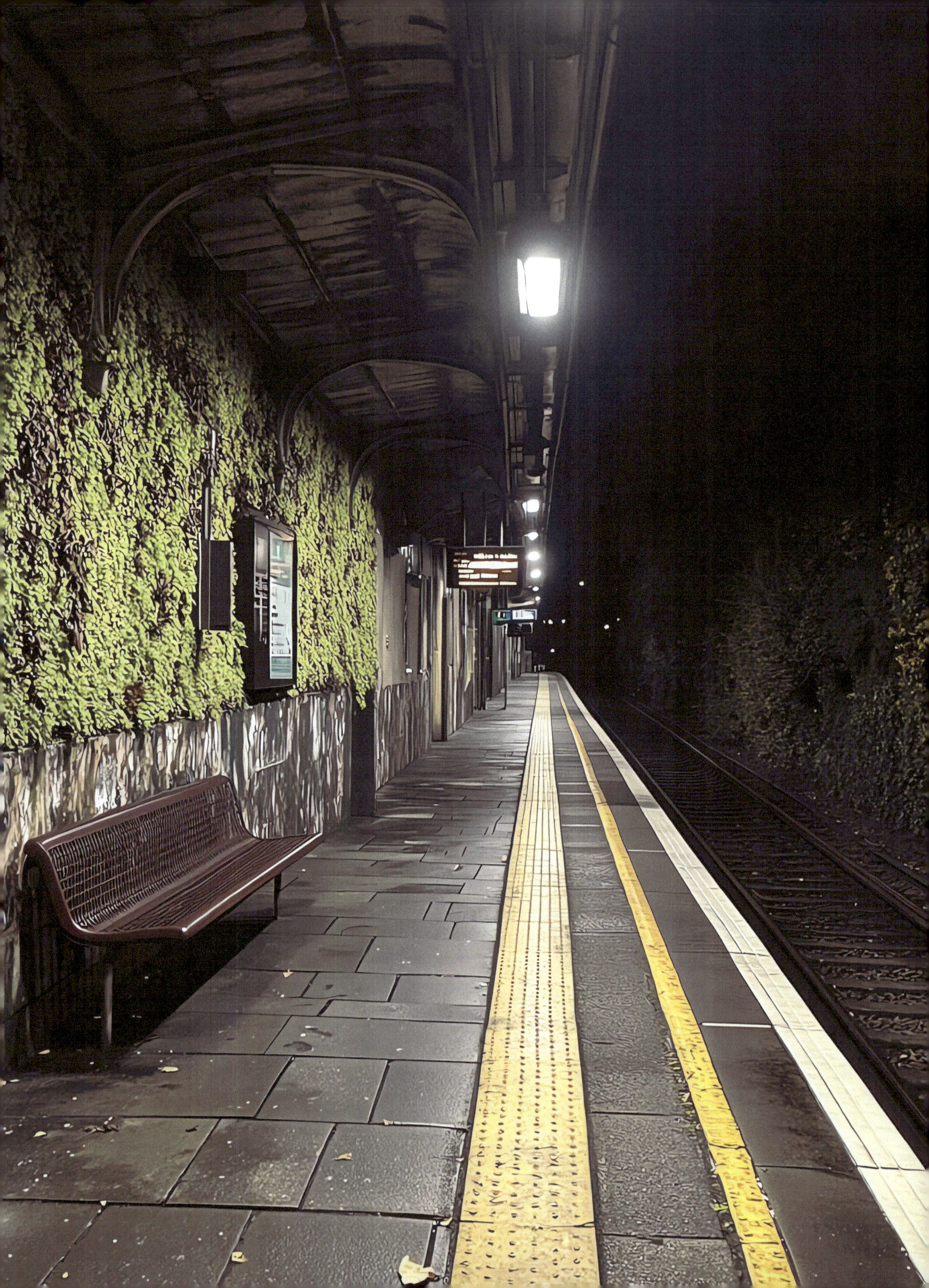

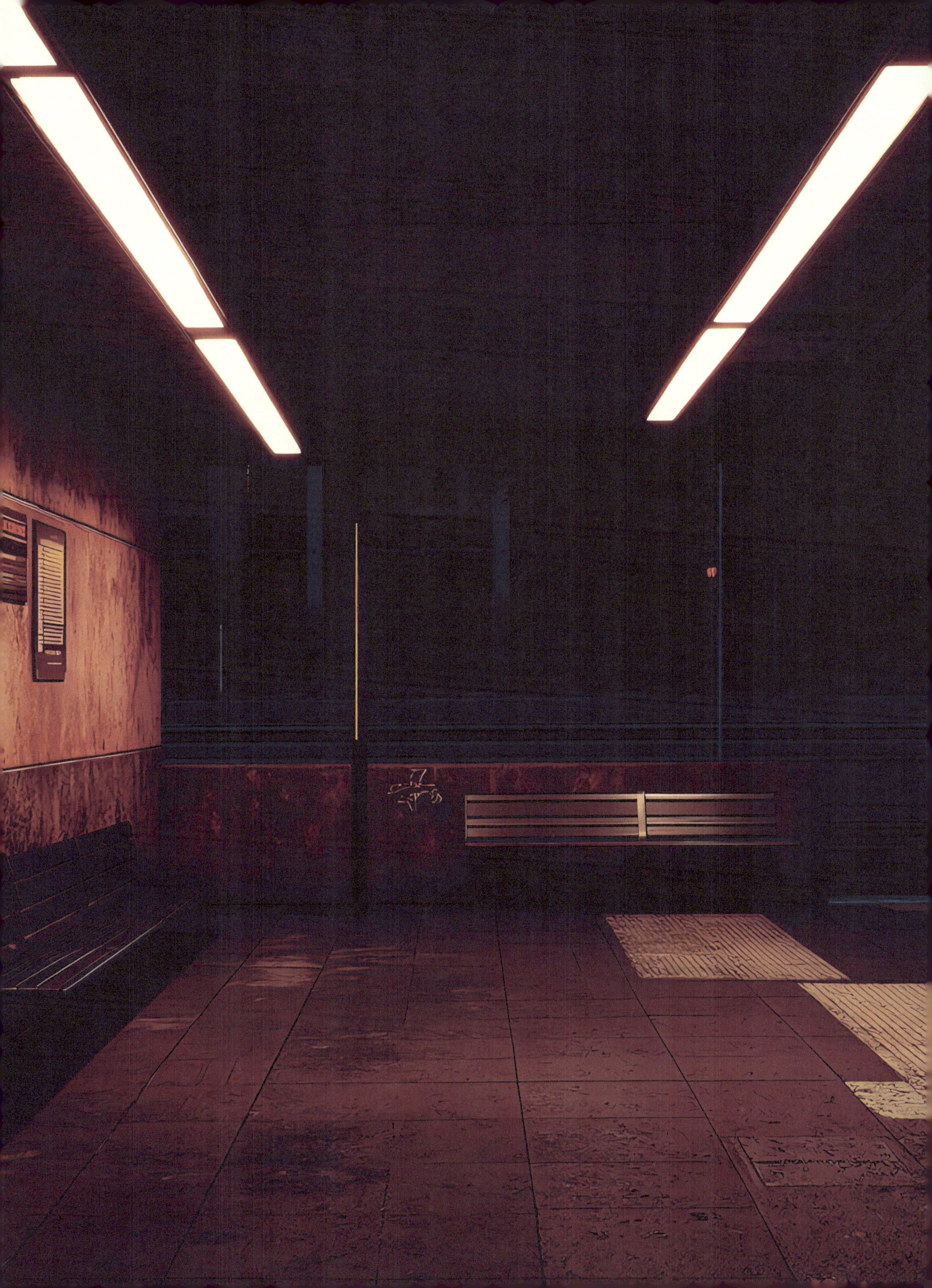

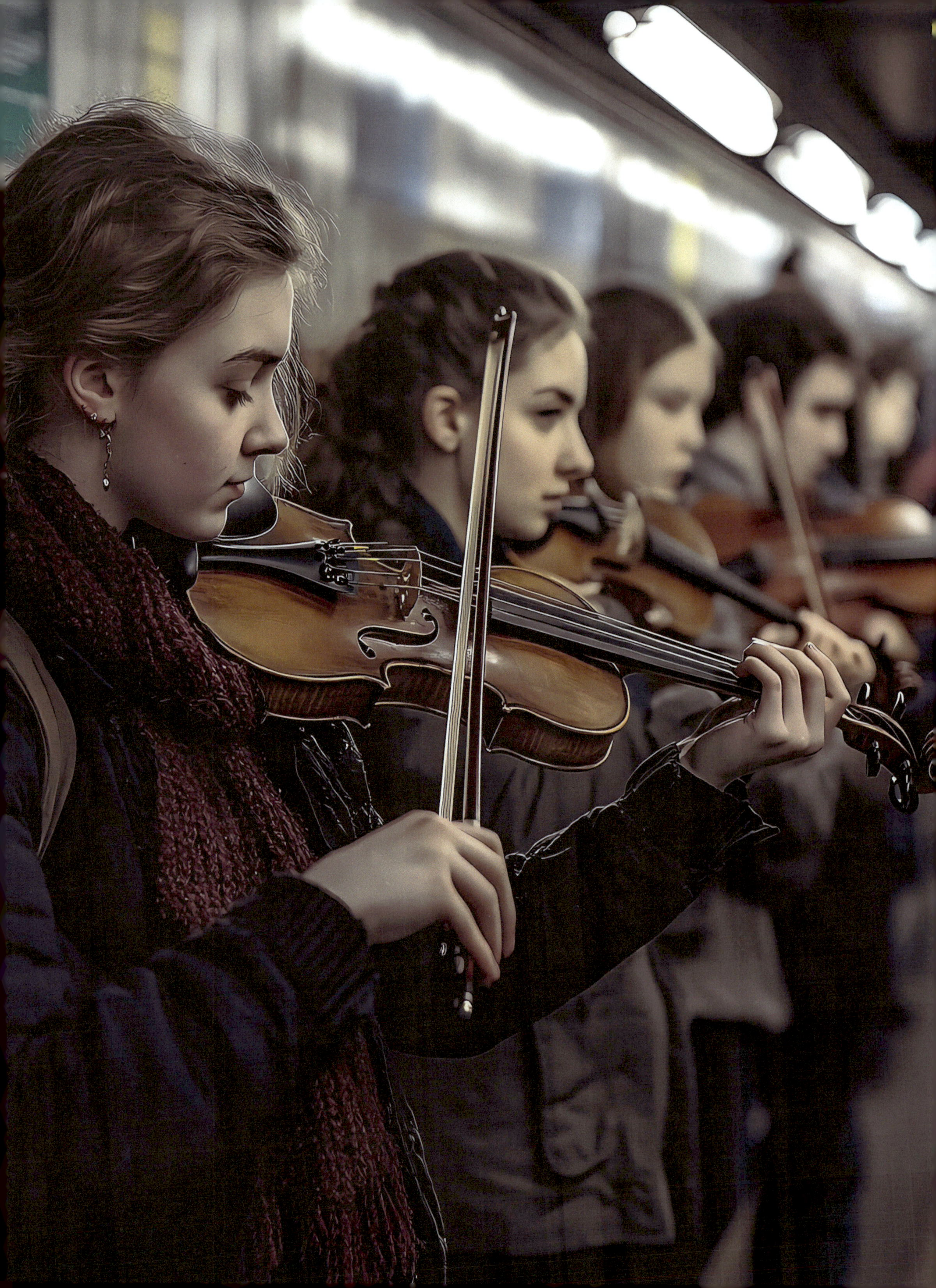

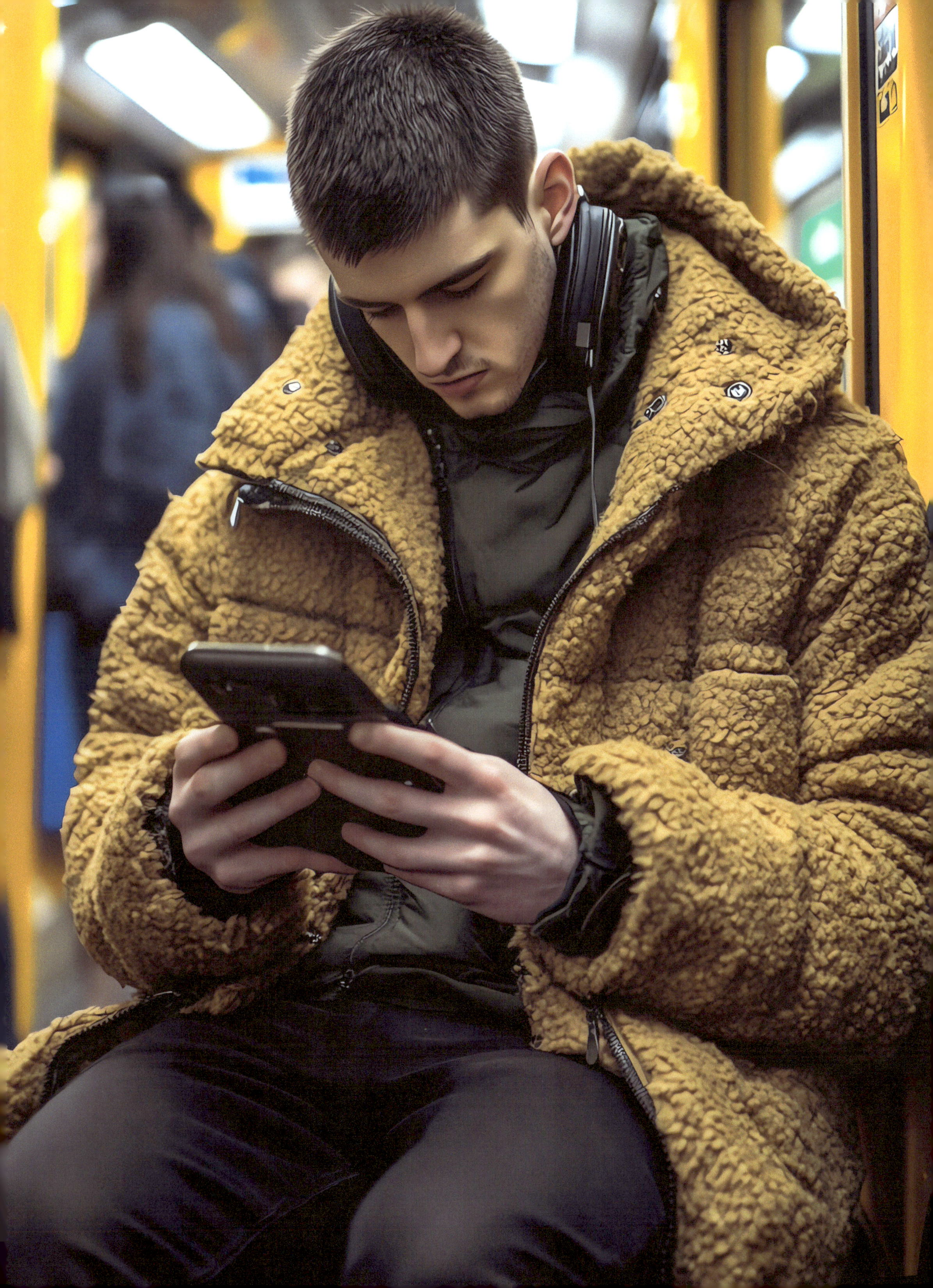

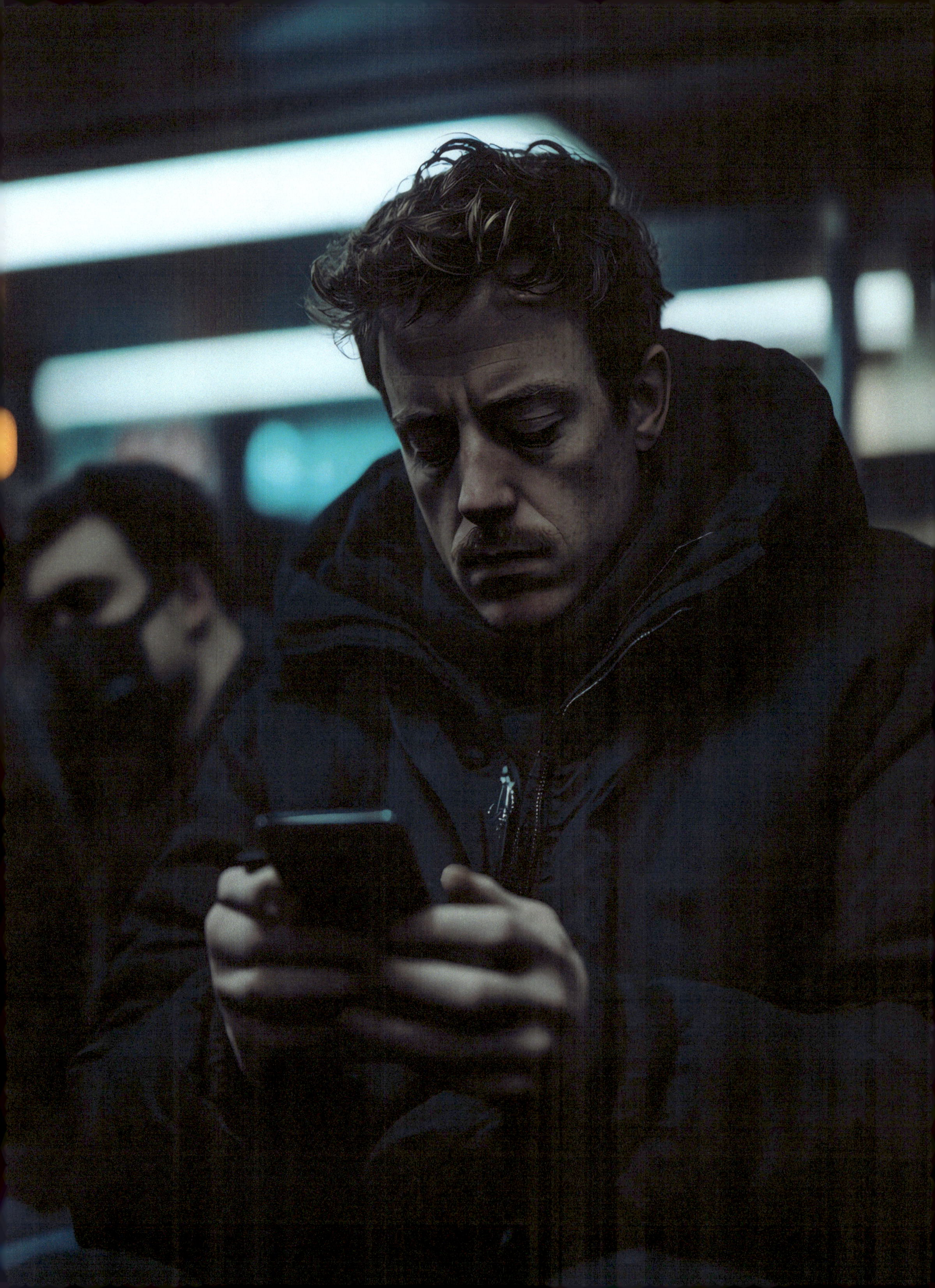

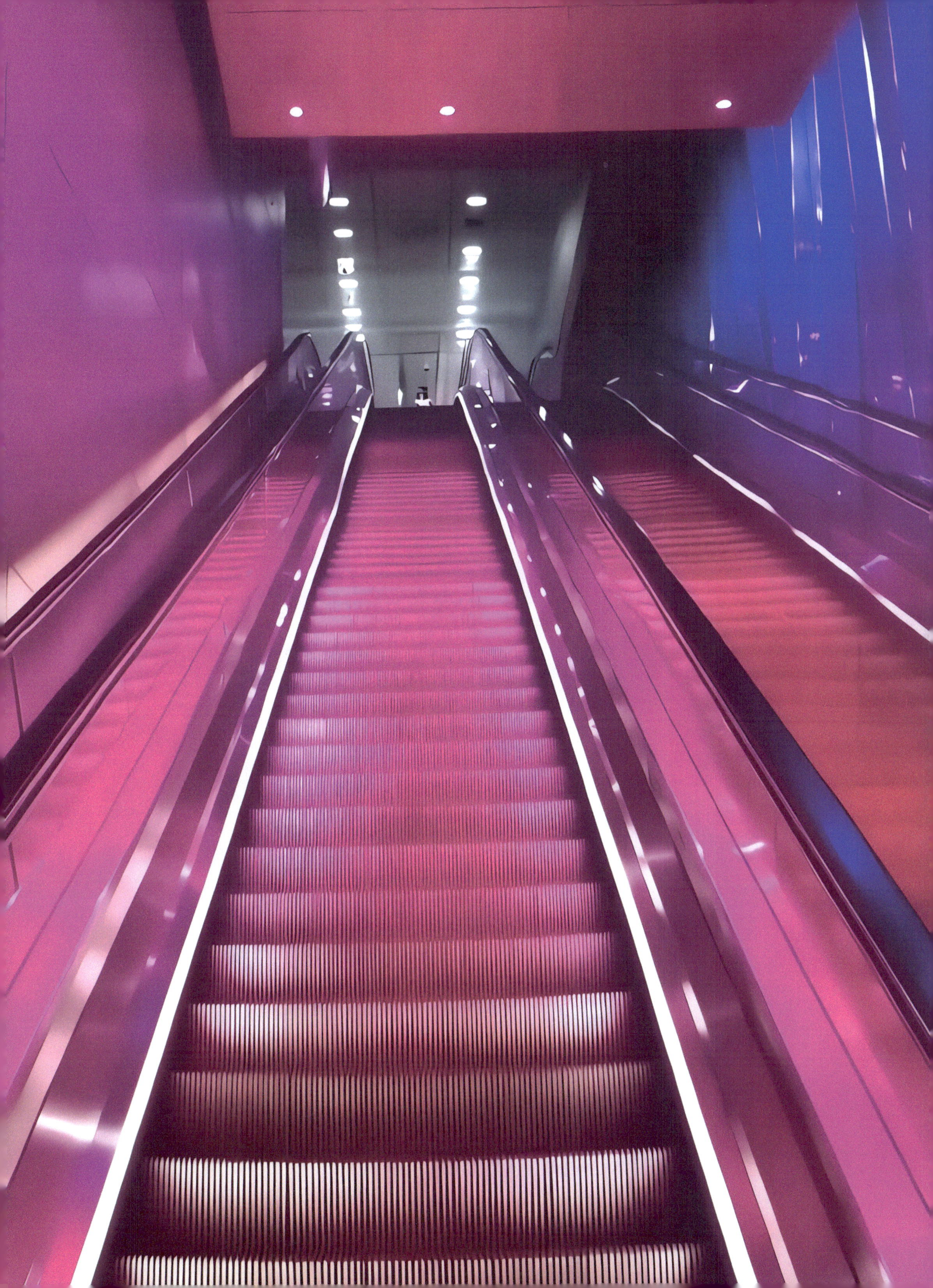

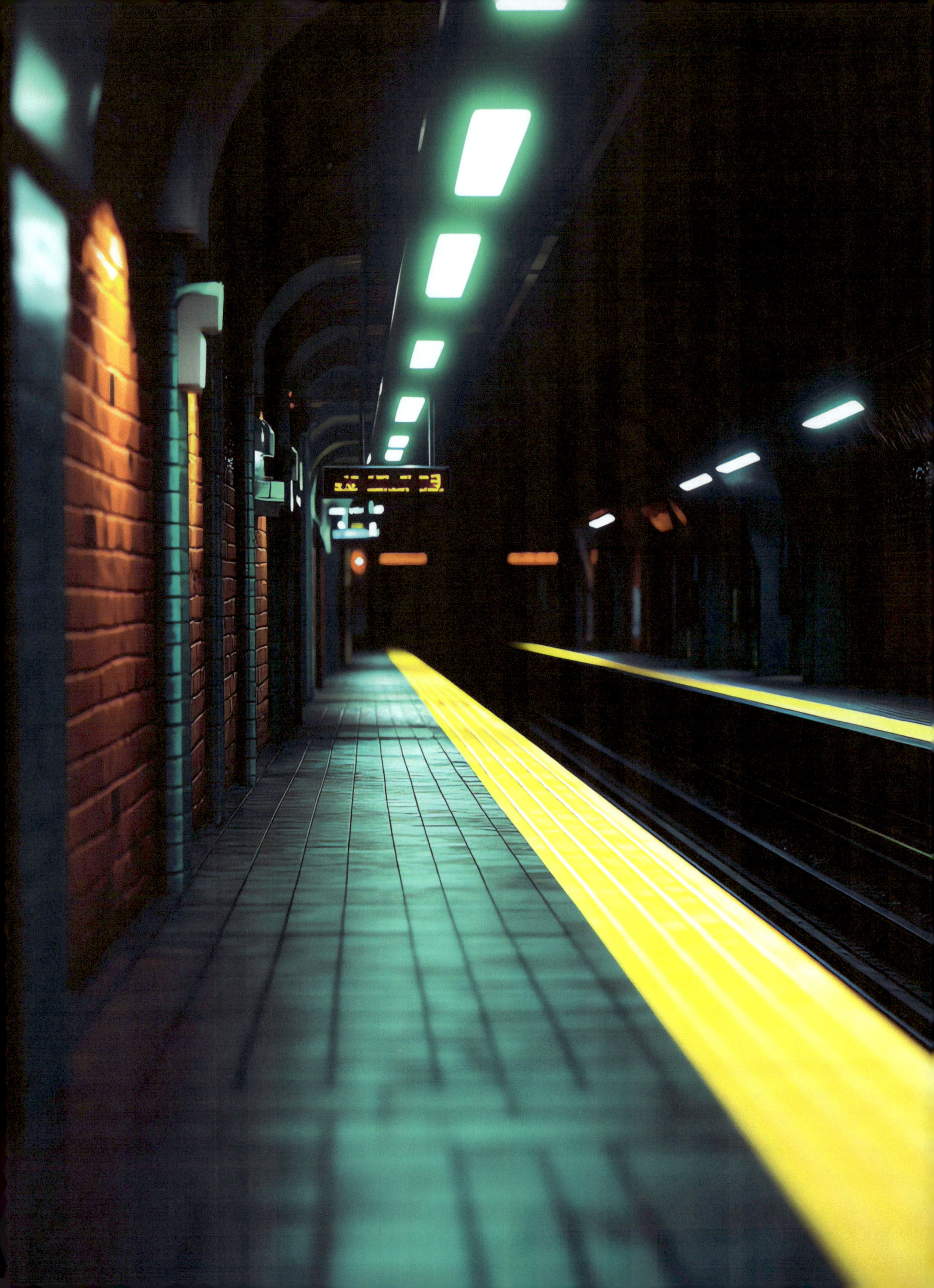

www.ingramcontent.com/pod-product-compliance
Lightning Source LLC
Chambersburg PA
CBHW040429220526
45473CB00004B/1389
*9798303365797*